AF142233

URGENT – DRINGEND

ANDREAS WALTER

17 UND 84:
DER GOTTSCHA VON SONNEBERG
MIT FREIER ENERGIE FÜR ALLE MENSCHEN

novum pro

Dieses Buch ist auch als
e-book
erhältlich.

www.novumverlag.com

Bibliografische Information
der Deutschen Nationalbibliothek:

Die Deutsche Nationalbibliothek
verzeichnet diese Publikation in
der Deutschen Nationalbibliografie.
Detaillierte bibliografische Daten
sind im Internet über
http://www.d-nb.de abrufbar.

Gedruckt in der Europäischen Union
auf umweltfreundlichem, chlor- und
säurefrei gebleichtem Papier.

© 2023 novum Verlag

ISBN 978-3-99146-451-8
Lektorat: Susanne Schilp
Umschlagfoto:
Jaromír Chalabala I Dreamstime.com
Umschlaggestaltung, Layout & Satz:
novum Verlag

www.novumverlag.com

Climate neutral
Print product
ClimatePartner.com/16547-2201-1002

EINLEITUNG

Sonnabend, 7. Dezember 2013. Deutschland. Im Abendfernsehen (TV) läuft die große Spendengala „Ein Herz für Kinder". Die Schauspielerin Jutta Speidel erzählt, wie sie vor 17 Jahren ein vierjähriges Projekt mit Kindern auf den Philippinen gestaltete. Der Moderator Johannes B. Kerner wechselt den Tisch zu Veronica Ferres, einem Filmstar. Dabei sagte er: „Bis Weihnachten sind es noch 17 Tage!" Ferres gab einen Einblick in ihre Arbeit mit Roger Moore (James-Bond-Darsteller 1973). In dieser Livesendung kamen 16.386.291 Euro an Spendengeldern zusammen, also knapp 17 Millionen. Jedem fällt auf, dass es hier um die Zahl 17 geht. Diese Erdbeeren sind auf meinem Mist gewachsen. In nuce (in der Nuss) – 17 ist die Zahl des Herrn. Das ist die Quintessenz meiner DU-Arbeit (Doktor universale), die ich 1992 deutschlandweit in Briefform verteidigte. Das war 3 Jahre nach dem Mauerfall, also dem Ende des Kalten Krieges.

Als harmonisches Zahlenverhältnis ist der Goldene Schnitt in der Architektur bekannt. Die Zahlen des Herrn zeigen sich besonders in dynamischen Zahlen: 17, vielfache 34 und 51 und weiter 96, 69, 48. Wem das zu heiß ist, für den haben wir noch die 84. Bedeutet: Achte Menschenrecht 4. Das stammt aus der Französischen Revolution von 1789 und heißt: Man kann auf der Erde alles tun, wenn es keinem anderen Menschen schadet. In puncto puncti: Hiermit eröffnen sich faszinierende Möglichkeiten.

In der BRD gab es eine riesige Welle der Begeisterung. Die Nachricht über diese Vision für die Welt wurde von Mund zu Mund weitergegeben. Was ist daraus geworden, eine Generation später? Mutter Teresa von Kalkutta, welche 1997 den Friedensnobelpreis erhielt, hat 50.000 Seelen dem Herrn zugeführt. Doch in ihrem Inneren zweifelte sie. So gern hätte sie ein Zeichen von Gott bekommen. Vom Mutter-Teresa-Kinderhilfswerk erhielt ich einen Dankesbrief. Zweiter Absatz: „17 Jahre lehrte sie ..."

Anlass der Veröffentlichung meines 1. Briefes war ein Flugzeugabsturz, bei dem 90 Personen nur noch 2 Minuten zu leben hatten. Rund 50 % der deutschen Bevölkerung war der Meinung: Das war es, da kommt nichts mehr. Der andere Teil hatte eine vage Himmelsvorstellung. Deshalb stelle ich die 2 Briefe an den Anfang des Buches, im Original 12 Seiten. Ich erzähle eine vollständige Geschichte, es ist seitdem viel dazugekommen, es ist alles authentisch, Namen noch lebender Personen wurden leicht geändert. Seit knapp 30 Jahren breitet sich diese Wissensglut aus und ist jetzt brandaktuell.

Eines sollten Sie vielleicht wissen: Als ich meinem Hausarzt Dr. Heiter eine Ruhestandskarte überreichen wollte, ging ich in die Drogerie Müller (gegenüber City Center Sonneberg), die hatten da eine große Auswahl an Karten. Am Fahrstuhl stand eine kleine Gruppe, etwa 5 Kunden. Plötzlich streckte ein Mann seinen Arm aus, deutete auf mich und rief: „Alles richtig gemacht!", machte dabei ein äußerst verdutztes Gesicht und rief noch einmal: „Leute, der Mann da hat alles richtig gemacht!" Dann gingen diese Menschen in den Fahrstuhl. Das war um 2009. Dieses Buch ist für alle Erdenbürger jeglicher Weltanschauung, für die Kinder dieser Welt, für die Zukunft unseres Planeten Erde. Die Handlung baut sich peu à peu auf. An meiner Vita verdeutliche ich die Wirkung der universellen Energie. Mit einem Crescendo beginnt es, bevor die unglublichsten Dinge passieren, Paukenschläge vor dem Furioso des Abschnittes „Freie Energie für alle Menschen" mit den Unterpunkten:

1. Alle Pferde des Königs
2. Der 6. Kondratjew
3. Religion
4. Raumenergietechnologie Corona.

Dabei ergibt sich eine enorme Wichtung meiner Stimme. Die Menschheit steht am Scheideweg. Quo vadis domine? (Wohin gehst du, Herr?)

So, wie diese Einleitung daherkommt, genauso knorzig bin auch ich. Das ist meine Handschrift! Rechtschreibbesonderheiten sind Absicht.

Andreas Walter, Mai 2022

P S: Englisch achte = estimate = estim-eight, deutsch: ästimieren

BUCH EINS

17 UND 84
DIE 2 BRIEFE

Sehr geehrte(r) Dame/Herr,

dies ist ein Geschenk: Eine reine Humorarbeit, keinerlei wissenschaftlicher Wert – Fakten wurden aus dem Gedächtnis herausgestellt.

Die Geschichte von Jonne II getauft: Die alle, die ihr auf Christus getauft seid, habt Christus als Gewand angenommen, das Abendmahl gefeiert – er trägt Christus im Herzen. Jonne II: Bau eines Archimedes-Hegel-Hebel-Setzkastens, Lösung anstehender Fragen. Archimedes: Heureka = „Ich hab's gefunden" (Auftriebsgesetz).

Das Ganze ist ein Olivenlied nach den bekannten Geschichten des Summbarcher Mundartdichters Julius Heß Hegel: dialektische Denkweise. Dahinter Feuerbach: „Die Philosophen haben die Welt bisher nur verschieden interpretiert, es kommt aber darauf an, sie zu verändern." (Marx – dialektischer Materialismus.) Hegel sagt: Es kommt darauf an, die Welt richtig zu interpretieren, dahinter Mathematiker Feuerbach (Kreis: aus einem Dreieck heraus durch 9 Punkte entwickelt).
   9 ist die Zahl der Vollendung, 11 die Zahl des Humors.
   Hebel, Johann-Peter, der Volksdichter Hebel: „Gebt mir einen Hebel, der lang genug ist, und einen festen Punkt und ich werde die ganze Welt aus den Angeln heben" – der Erfinder des Hebelgesetzes sprach so. Hegel-Hebel ist allerdings ein Punkthebel: hebelt in einem Punkt oder über einen hinweg bis hierher, der Spiritusbereich im oberen Teil des Kastens dargestellt:

- links der Corpusbereich: 5 Finger der Schwurhand (auch als Himmelsleiter)
- unten ein Fach dazu, als Tor gedacht
- der Mentusbereich: 2 Delfine oder 2 symbolische Alphawellen entstehen bei Lachen und Freude in den beiden Hirnhemisphären
- dann „Krippe" mit Kalenderblatt vom Tag des Kastenbaues
- hier Friedenspfeife oder Haus mit Schornstein + Wolke.

Das vorspringende Hölzchen am Barometer symbolisiert den nächsten Augenblick, der folgen wird – hier der Anima- Animus-Bereich = weiblich-männlicher Seelenbereich aus dem Kreuz- oder Schwertsymbol kommend.

Die beiden Rahmen, aus einem Schubfach stammend, sind mit 2 Kreuzschlitzschrauben verbunden, der Mittelspalt entsteht durch Einbau zweier Unterlegscheiben.

Symbol der herauswachsenden Zeitachse = der 4. Dimension – im Gehirn dauert ein Augenblick ungefähr 3 sec, dann folgt daraus der nächste, dargestellt durch jeweils 3 Rillen in Folge an der Oberkante des Kastens.

Alle Teile wurden, vom Rahmen ausgehend, nach Augenmaß gefertigt, nur der Schwertgriff zum Schluss eingemessen – 96 mm lang und unten die beiden senkrechten Alphateile 60 oder 52 mm lang.

52 = 1/3 von 156 = Höhe des Kölner Doms – weiter zum Zentrum: Stimmgabel oder Sigma = Summenzeichen, darin Datum des Baues pyrografisch eingebracht.

Links daneben: Bereich Gottes mit der Formel e hoch 7 = 1.096, siehe Tafelwerk – exakt 1.096,6 7 – die Zahl des Glaubens e = Eulersche Konstante = die Basis der natürlichen Logarithmen. E steht auch für Erde und Technik und Wissenschaft.

96: Rücken an Rücken = Freundschaft/69: Symbolzahl der Liebe.

Welche Fragen werden nun gestellt und beantwortet?

1. Es herrscht seit der Wende in Deutschland der Waffenfriede auf Erden.
2. Wettrüsten kapitalistisches – sozialistisches Weltsystem und drohender dritter Weltkrieg durch friedliche Revolution beendet.
3. Darin eine Schachtel Europastreichhölzer – 38 Stück mit 12 Sternen im Kreis – da schaut die 8 aus der 3 hervor, das Ganze auch Lift oder Laotse-Pendel, welches ja bekanntlich nicht zu weit ausschwingen soll, rechts das Puls-Plus-Barometer des Alltags!
4. Weißes Tuch im 7-mm-Bohrloch, Spiritus-Anima-Animus-Bereich.
5. Genetiker bauen bereits Samenkörner zusammen, diese keimen aber nicht.
6. 4.000 Jahre alte Körner aus antiken Zeiten treiben wieder aus.

Alle führenden Atomphysiker sind sich einig: Neben den erforschten Teilchen füllt ein nicht-materieller „Stoff" alles.

Wie eine Zelle funktioniert, ist bekannt, aber die innerlich treibende Kraft unerkannt.

Nun 300 Zeugen aus Amerika – Fernsehbericht – 45 Sterbeerfahrungen, klinisch tot Gewesene berichten:
- einer sieht den OP-Tisch von außen und wie sich das Team der Operateure um seinen Herzstillstand bemüht
- einer wird in der Telefonzelle vom Blitz getroffen
- einer bricht vorm Röntgenschirm zusammen und ist klinisch tot
- eine Selbstmörderin im persönlichen Interview.

Zusammenfassend: Eine Gestalt aus Licht, eine sehr schöne, eine maskuline Gestalt, beantwortet jede deiner Fragen im Augenblick des Entstehens. Dein ganzes Leben läuft noch einmal ab, sämtliche positiven, glücklichen Augenblicke, auch wenn sie während der Lebenszeit scheinbar nicht mehr im Gedächtnis sind, bei Selbstmördern allerdings nur die negativen, deshalb ebenfalls die Verbindung Kreuz-Anima-Animus-Spiritus.

Nun die Behauptung: Gott wirkt auch im Alltag (Verbindung Alltag = Humus zu Spiritus = Humor).

Folgender TATSACHENBERICHT:
Ein Bayer, wohnend in München, hat versucht, den Satz des Pythagoras – Die Zahl ist „Die ‚Maß' aller Dinge – auf der Basis e hoch 7 zu bewei„ß"en.
Er unternahm eine Radtour von München aus, Richtung Sonneberg.

Tour erster Tag: 260 km, eine Stunde Verlust in Ingolstadt. Übernachtung: Kleinziegentalfeld – Burgkunststadt.

Zweiter Tag, Mittwoch, 55 km (5 mal 11), Summe 17 h. Er ließ sich dann noch eine „17-Marks-Frisur" machen.
Ankunft 11.11 Uhr in Sonneberg Stadtpark, „Bistro".

Niemand hatte gewusst, dass er an d i e s e m Tage eintraf, alle hatten mit Donnerstag gerechnet. Nun überlegt er sich gerade: „Was mache ich jetzt?" Da 11.11-Treff.

– Jonne II ohne vorherige Verabredung
– Verleihung eines Ledersattels Nr. 92 28 11 30 29
– anschließend Besuch eines Geschäftes und Kauf von Kinderbüchern für die Hausbibliothek zum Preis von rund 186 Mark = exakt der Preis einer Taxifahrt von Sonneberg nach Weimar!

Dafür Zeuge: Summbarcher Taxifahrer Siegfried, genannt der Nibelung!
q. e. d. – was heißt das?

Wörterbuch:
- Qui vive? – Wer da? (franz. Postenruf)
- Quod licet jovi, non licet bovi – Eines schickt sich nicht für alle
- Quipu: Knotenschrift der Inkas
- Quirite: Ehrentitel eines altrömischen Vollbürgers
- Quod erat demonstrandum = was zu beweisen war!

Schauen Sie auf Ihren Mund: Der Bereich des OMM (Humus) ist zum Bereich des ONN (Humor) erweitert.

Erste Frage:
Wie groß ist Gottes Wirken? Schauen Sie auf das Doppelfach in der Mitte + Zeitachse – unendlich und ewig (ein hinduistischer Gedanke).
- Dieser Kasten erhielt das Gütezeichen „Zweifelgeprüft"!!
- Weiterführung:
- Le Bon: „Schenke dem Menschen einen Glauben und seine Kräfte werden sich verzehnfachen!"

Beten und Lernen ist auch Arbeit (neuestes Wörterbuch der Philosophie, München).
Wie sollen wir Gott begegnen?
- „Hau den Lukas 11: Vater unser ..."
- „Fürchtet Euch nicht!" In die Stille mit dem Herrn gehen, das „Du" suchen, Jesus um Hilfe bitten und einfach in der Stille sein
- Die „Freude" ist das größte Geheimnis der Christen, sie verdoppelt sich beim Teilen
- Wir gehen nun mit dem e-hoch-7-Schlüssel in den Nostradamus (bekanntester anerkannter neuzeitlicher Prophet)

E hoch 7 = 1.096 =X,96: Ob etwas wirklich eintraf, in der Realität, kann immer erst hinterher bestätigt werden.

X,96 : „Glaube, dem die Meere Namen geben, schlägt die Sekte von Absallas Sohn, starre tiefbeklagte Sekt' wird beben, spricht ihm Aleph und auch Eliph Hohn", keine Anhangserläuterung.

Wehe dem, der da sitzt, wo die Spötter sitzen!

X,48: „Tief aus Spaniens Hintergrund rücken von Europas Enden wird die Schar kommend in die Näh von Lancias Brücken schlägt 'ne Bande seine große Schar" (Lancia in der Nähe von Rom).

X,44: „Wider d'Seinen ist zurzeit ein König Aus Blaye, unterjocht Ligurien, Mammert, Dal mat ein, Der Erschlag'nen quäl'n den König." Anhangserläuterung: „Sicherlich ist Heinrich II oder der Glückliche gemeint, der als Weltmonarch 1999 seine Herrschaft antreten wird. Die Kriege, die er zu führen hat, haben ihm die Araber bzw. der Führer eines arabischen Großreiches aufgezwungen. Er muss große Teile Westeuropas von den Arabern befreien."

X,46: Anhangserklärung: Man dachte an Adolf Hitler –(Österreicher – ein „Ausländer"!), daher diese Rufe: Sie (jene) exorzieren sich! –, der 1932 von den B r a u n s c h w e i g e r n zum Regierungsrat ernannt wurde, dadurch die deutsche Staatsbürgerschaft erhielt und dann Reichspräsident wurde.

Wo ist aber die arabische Sekte?

Jetzt wird sie enttarnt werden:

Vorgestellt wird LEA SANDERS und ihr Buch „DIE FARBEN DEINER AURA", Goldmann Verlag (aus dem Amerikanischen übertragen von Wulfing von Rohr), 5. Auflage, 1992.

Lea hat von Kind an die Gottesgabe, die Aura (ein einen Menschen umgebendes lichtabstrahlendes Feld) und die Chakren (Energie-Licht-Punkte der Menschen) zu sehen (sie ist nicht die Einzige, aber die Beste) und sie stellt dies in ihrem Buch glaubhaft durch Beispiele und ihre Lebensgeschichte dar.

Resümee: Die Seele eines jeden Menschen unseres Planeten ist etwa so alt wie die Steinzeit. Der Mensch reinigt die positiven Strahlen seiner Aura in mehreren Leben und arbeitet sich dabei in den einzelnen Chakren hoch zum Licht: Lea sieht, wenn sie die Menschen anschaut.

90 % sind vor dem Durchbruch zur universellen Liebe und sie arbeiten hart und sie sagt, man solle am besten jetzt Gott die Pflege seiner Seele überlassen, um sich auf das Jenseits vorzubereiten.

Sie sagt: „Die Aura von Jesus ist weiß mit grauen Streifen."

Hiermit wäre das Omm der Glaubensrichtungen der östlichen Hemisphäre (Yogis – Kundalini, Hinduisten – Gottvertrauen, Buddhisten) zum Onn erweitert.

Was ist aber mit den Mohammedanern? Sie beten fatalistisch einen Gott an, machen sich um das, was nach ihnen kommt, keinerlei Sorge, sehen das Paradies bereits auf Erden in materiellen Dingen. Für diese gibt es kein „Jenseits". Sie lieben Dinge und gebrauchen Menschen.

Abgrenzung zu den arabischen Völkern – hier geht es um die arabische Denkweise.

3 arabische Gegenargumente und das Zusatzargument:
- Auto + Umweltschäden durch Herstellung: Preis statt 20.000 eigentlich 80.000 D-Mark
- Benzin + Umweltschäden durch Verbrennung: Preis statt 1,50 eigentlich 5,00 D-Mark/Liter
- Autos töten Bäume/+ der Bürger arbeitet die Hälfte seiner Zeit nur für sein Auto.

Der Gottesfinger, Lukas 11,20.

Neueste Forschungsergebnisse (TV): Ozonschicht bereits 15 % geschädigt/pro Jahrzehnt + 10 % Schaden. 20 Jahre dauert es, bis FCKW oben ist – sofortiger Schluss: Maximum 35 % Schaden: hart an der Grenze/jetzt noch 10 Jahre rumdiskutieren nach dem Motto: Wir sind sauber, aber ob Indien und China mitmachen, dann 45 % Schaden = Ozonloch = Kippen des Planktons der Weltmeere im Jahre 2020!!!

Es ist 12 Uhr an allen ökologischen Fronten. Entweder jetzt alle und bis 1999 ist die Krise beseitigt oder nach 2020 keiner mehr!

Ein Zeichen: Prof. Rosin, Scharffenberg, ersetzte FCKW durch KW in der Kühltechnik (= Preis = Energie = Propan und Butan ist an jeder Tankstelle der „Dritten Welt" zu erhalten).

Sind Sie ein Braunschweiger? Haben Sie Kinder? Schweigen bei Braun?

Kernstück der Bibel: Christliche Nächstenliebe: ... lieben wie sich selbst – ja, die meisten lieben sich selbst, wie bedeutet u n d ! Zwar: „dich selbst" an zweiter Stelle!
Nahe Aleph im Wörterbuch steht: „Die Würfel sind gefallen."
Wiege der Menschheit in Afrika, alle Sprachen haben eine Wurzel.
Heutige Menschen unterscheiden sich in maximal 5 Genen und diese differenzieren lediglich die Farbe der Haut!!

Schluss: Konferenz zu Mast-Richt 51 zu 48 = 3 x17, Freiheit, Gleichheit, Brüderlichkeit – 17.17 (Johannes: „Dein Wort ist Wahrheit" + Lukas 11: „Vater unser ...", christliche Nächstenliebe als Basis).
Der Sozialismus/Kommunismus liefert die Idee des materiellen Paradieses auf Erden, aber Technik ohne Glaube ... 2020, wir wollen Solartechnik und Hocherotik auf der Basis e hoch 7!!!!

Le Bon: Diese Schrift wurde in 79 Städte Deutschlands gegeben; lesen, lernen, weitergeben. Bitte Verteiler an erste Vorsitzende des Landratsamtes, Chefredakteur der Lokalzeitung, Vorsitzender der Kirche, Bürgermeister, Vorsteher Hauptbahnhof – Aushang Jakobus 4,17: „Wer das Gute tun kann und es nicht tut, der sündigt."
2. Kor 1,24: „Nicht Herren Eures Glaubens sind wir, sondern Diener Eurer Freude." Danke!
Verteiler: handschriftliche Kopie in 78 Städte, je 5 Exemplare, spirituelle Doppelwende, Glauben und Wissen 31.3. März – 1993.

Der Kampf um das Wasser:
Und das ist Meister Ernst und Leidensdruck und keine Satire!!
Psalm 144,9: „Herr, du mein Gott, ich spiele Dir ein neues Lied
auf dem Psalter von 10 Saiten."

Der Kampf um das Wasser:
Neben anderen 30 Millionen Tonnen Gasmüll über Deutsch-
lands Luftraum gelangen jährlich noch weitere 30 Millionen
Tonnen Stickoxide aus Autoabgasen in unsere Atmosphäre!
(Saurer Regen – Lösung aller Schwermetalle im Boden – Grund-
wasser ungenießbar.)

In weiten Teilen der Rockys (USA – Goldgräber – Halden)
Trinkwasser kostbarer als Gold.

In Bayern, Tiefbrunnen jetzt schon im Grundwasser 400
bis 600 m tief, es besteht wesentlicher Unterschied: gesund-
heitsförderndes Quellwasser – filtriertes/aufbereitetes Müll-
wasser.

Beim „Contergan-Prozess" ist es der Justiz aber nicht ge-
glückt, den direkten ursächlichen Zusammenhang Contergan–
Schädigung nachzuweisen (im Einzelfall hätte es auch immer
ein anderer Stoff sein können), wer aber Contergan einnehmen
lässt, schädigt eindeutig, denn wenn es nicht so wäre, würden
es die Schwangeren heute noch nehmen!

Freiheit des Menschen:
„Die Freiheit besteht darin, alles tun zu können, was anderen
nicht schadet", Artikel IV der Deklaration der Menschen und Bür-
gerrechte (1789). Menschen, die verhungern (stündlich 40.000),
können nicht denken!!

Nigeria: 95 % Einkommen durch Öl – die letzten 20 Jahre ver-
doppelte sich die Bevölkerung auf jetzt 100 Millionen Einwoh-
ner – Desertifikation/Desertation = menschlich beschleunig-
te/natürliche Wüstenausbreitung – im Norden Nigerias hat
der Kampf um die Wasserstellen jetzt bereits begonnen! Wann
baut der Papst endlich die Nei(n)-Scherri(Kondom)-ja-Fabrik?

Duden: „der oder das Kondom" – schönn Guttn Morchn, Herr Papst – der Kon-Dom ist auch ein Dom, haben Sie das noch nicht gewusst?! Das war Ihre „Tina Turner Air Mail", Ihr schärfster Lustpunkt! Und dann noch der Gipfel von Rio: 5000 zivilisierte Spezialisten haben die Bucht von Rio zugeschissen (großes Fischsterben), die Schuldscheine gelassen, wo sie heute noch sind!!!

G e h t   I h r   W a s s e r   n o c h ?
Deutsches Fernsehen – Thema Alkohol = Telefon-Eil-Umfrage: 61 % der Bürger, welche die Sendung verfolgten, waren für: kein Alkohol im Straßenverkehr!! Und jeder sollte Vorbild sein! Bonn: Streit hin und her „8 Promille – 5 Promille". Offensichtlich haben sich die Parteien in ihrer soziologischen Zusammensetzung weit von der Bevölkerungsstruktur entfernt, (Finanzierer im Hintergrund), FA (Firma) Hosenschleich weiß schon seit 10 Jahren, dass jetziges Energiekonzept in die Sackgasse führt: Jetzt schon 2000 Geschädigte – Gesamtschaden 20 Mrd. Mark und wer auf dieser Strecke noch weiter Geschäfte tätigt, ist ein Verbrecher.

8–4 (ACHTE MENSCHENRECHT 4)!!

Den Cancler kann man gewöhnlich in der Cancel erleben! Er hat jetzt 48 h Zeit für Fahrrad – Bahncard – Blue Jeans und Pioniertuch! Oder soll erst ein Sechstklässler sagen: „Du Höllmut, du hast mich um die Zukunft der Erde beschissen!" Wann macht der Cancler endlich Diamond-Ernährung, um zu den 4 h Nachtarbeit zu kommen, die er der Nation bisher vorenthält?!

Belehrung:
Rad innen = Laufrad, Fahrrad, Eisenbahn, Schiff. Rad außen = Rollstuhl – Auto – Flugzeug

Herr C.! Sie können 25 h täglich arbeiten wie ein Herkules. Wenn Sie das prinzipiell nicht ohne Auto schaffen, ist all Ihre Arbeit sinnlos!

Ihr Motto ist wohl: „80 Millionen Deutsche haben Autos –
1 Milliarde Chinesen bauen Autos."

Das Kapital = 10.000 Finanzierer ... eine Handvoll Geschmacks-
knospen regieren 10 Milliarden denkender Zellen! Der C. tascht
für 10.000,- Mark pro Monat seine Mitbürger und bringt nichts!!
(Tasche = Ficke – siehe Duden: jugendfrei!)

Haben Sie schon mal was vom Generalsblick gehört? Rat des
Husaren von der Neiße (J. P. Hebel): „Es gibt Taten, die man
vor Gott verantworten muss!!!" Die gute Wahrheit reicht bei
einigen Politikern nicht, deshalb die ganze und in voller Härte.

Durchschnittsverdienst des „West"-Deutschen 5.000 DM/
Monat und Höllmut ist nicht mal in der Lage, Suppenküchen
für die Armen zu organisieren (gab's schon 1848)!

Naturvölker denken bis ins 7. Glied und nicht an Parteipos-
ten! Erkenne: Den Tiger hat man nicht im Tank, sondern auf
der Brust!

1996 ging jede fünfte Mark für Zinsen drauf! Herr C., Sie
haben 4 Beine: 2 mit Schlüsseln und 2 mit Kehlen, Sie sind ein
„Otto"-Motor, wenn Sie s i n g e n könnten! Lassen Sie den
Funken springen!!

Hol dir die Kraft des schwarzen „PAN" T „HERS". 2 x 17 Katzen
sind unbestechlich: Die Autobahn ist die moderne Autombomb'.

Stellen Sie sich einmal Helmut als den Mann mit den 2 Hü-
ten (übereinander) vor! Was da los wäre! Frage des C.: „Ist das
Einführen nicht ziemlich kompliziert?" „Nichts ist leicht beim
ersten Mahl!"

Testfrage: „Warum trägt der Gärtner einen Hut?" „Damit
man ihm nach dem Sturz beim Radfahren nicht extra die Au-
gendeckel zudrücken muss!"

Aber ich habe noch eine Frage: Was ist der Unterschied zwischen
Zweifel und Zwiefel? „Lass mal einen drauf!" „Bestanden! Noch
Fragen? Frrrragen?"

„Was ist Diamond-Ernährung??" „Harvey und Marylin Diamond."

4 Millionen mal in USA verkauftes Buch – Niveau Galileo Galilei: Die Erde kreist um die Sonne, Summe: wesentliche Energien frei in allen Körperzellen und Einsatz da, wo es der Mensch zuerst braucht – unendlich neue Möglichkeiten der Ernährung, auch traditionell Revolution auf dem Gebiet der Erotik – Harmonie der Partnerschaft, 6 – Abitur ab Klasse 5 (Buch von Bade Dich gesund bis Nabelschau).

Kampf gegen das „Faulenzerherz" – 15 Minuten Prophylaxe in der Arbeitszeit! Hole dir die Kraft des Schwarzen Panthers! 141 Chinesen lachend auf dem Fahrrad abgebildet: „Ich kann nur ‚Diamond'."

„Becker packen Brot für die Welt" (zum Vergleich: Die Erde verkraftet pro Kopf und Tag 2 Liter Ölverbrauch – BRD pro Kopf und Tag 12 Liter Ölverbrauch).

Stadtwerke Saarbrücken: Finanzierung der neuen E-Technik (dem Verbraucher geschenkt) durch eingesparten Strom!! Die Energiewende ist die Probe der Menschwerdung des Menschen. Der Delfin ist der Mensch des Ozeans!!

Für Kinder und Erwachsene: Man reiche ihm 2 Dinger – nimm er sich eins, das andre hau man sich auf die Finger! Jeder Mensch hat 10 Milliarden denkender Hirnzellen, das reicht für 70 Sprachen fließend!!

Sex – Führer, erster Grundgedanke: Das Gehirn des Menschen ist sein größtes Geschlechtsorgan, dann gesamte Haut, dann erst Vagina – Penis – Klitoris – Prostata. Bringen Sie die 5 Energieformen in sich frei zum Fließen! Arbeiten Sie an Ihrer Aura! Danke für die jahrzehntelange Freundschaft mit SOS-Kinderdörfern!

Platz für Widmung: „Wenn einer eine Reise tut!"

Einer trage des Anderen
Last
Steven Stich 96
Lockbuch: 17. Oktober 1992 = Seele drin
IOKI „2040" „Pull-Over!!!!"

L–A–S–T SOLAR-LIGHT-KRAffT

LONDON

UNITED KINGDOM
QUEEN ELISABETH

Summe 4

„Die Sonne ist die Feldbettblume unseres Universums im Glanz-
feldbett des Herrn „Festus" unseres Herrn Jahwe, seines Soh-
nes Jesus."

MARKE RAINBOW
Merlin M. Moser

Die „Qualle" durch das Weltmeer segelt, auf dass ihr euch alle
liebt und schnäbelt.

BUCH ZWEI

Der Gottscha von Sonneberg

Die folgenden biografischen Anekdoten sind für das weitere
Verständnis wesentlich.

Bitte weiter!

1984
Augen auf, wo war ich? Ich lag in einem Bett, hatte einen wei-
ßen Kittel an. Rechts war ein großes Fenster, man sah Bäume.
Links war ein Gestell mit einem Tuch – war ich im Himmel? In
meinen linken Unterarm lief eine Infusion. Stille. Was war geschehen? Da fiel es mir ein: Ich hatte mich umgebracht, Film-
riss! Ich war Student der Humanmedizin, 4. Studienjahr, Erfurt,
Medizinische Akademie. Hinter dem Paravent saß eine Frau in
Zivil im Bett und las ein Buch. Weitere Betten waren leer, ich
kannte die Station von der Nachtwache: Intensiv in der Chir-
urgischen Klinik. Der betreuende Arzt sah nach mir. Ich fragte
ihn: „Sind wir Freunde?" Was war konkret geschehen?
    Nach dem Sommersemester hatte ich mit Autogenem Trai-
ning experimentiert, zu Hause in Sonneberg. In einem Buch
hatte ich gelesen: Das Unterbewusstsein hat die 10-fache Ka-
pazität des Bewusstseins. Das Bewusstsein bestimmt das UBW,
was fiel mir auf? DDR: Laut Plan sollte der Lebensstandard immer besser werden, so tönte es überall, aber es wurde alles immer schlechter. Häuser verfielen, Straßen gingen kaputt. Für ein
Auto der Marke „Trabant" gab es 15 Jahre Wartezeit. Die Zahl
der Ausreiseanträge in die BRD nahm zu. Schäden der Umwelt,
Luftverpestung, Mangelwirtschaft. Die Regierung, die Medi-
en lobten den Sozialismus, das Gegenteil war richtig! Hier gab
es eine Lücke: Phasenverschiebung um pi Halbe zwischen BW

und UBW. Ich überprüfte meine Entdeckung. Es war das Prinzip Welle am losen Ende, wie ich es von dem Physiklehrer Donnerberg gelernt hatte.

Es herrschte eine Auseinandersetzung der Weltsysteme Kapitalismus und Sozialismus. Statt Weltfrieden hatten wir Aufrüstung und Atomkriegsgefahr. Ich arbeitete weiter mit Suggestion und Selbsthypnose. Es musste zum Kippen kommen, zur Revolution. Bei allen Menschen übernimmt das UBW die Führung, ich gehörte zu den ersten. Mit dem gesunden Schlaf war es vorbei. Ich musste nach Erfurt, ich fuhr früh mit dem Zug. Plötzlich hatte ich lauter neue Ideen und sah die Zusammenhänge. Angekommen, fuhr ich mit der Straßenbahn zur Kinderklinik. Ich ging zu Frau Professor Vierring, welche ich von meiner Diplomarbeit her kannte. Sie war in ihrem Arbeitszimmer. Ich sah sie an und sagte: „Wenn ich die Leute überall so sehe!", und ich brach in Tränen aus.

Man brachte mich mit dem Rettungswagen in die psychiatrische Ambulanz. Ich hatte einen ständigen Redefluss, die Gedanken in meinem Kopf rasten. Ein Arzt fragte mich eine Stunde lang aus: „Was ist mit Ihnen?" Aber ich durfte doch nichts verraten!

Ich kam in eine Baracke mit Holztür. Willkommen in der geschlossenen Abteilung der Psychiatrie! Im Zimmer waren drei weitere Patienten, offenbar mit gleichem Status. Es geht also los und die ersten werden weggeschlossen! Ständig kamen junge Schwestern und fragten: „Hören Sie Stimmen?"

Da tauchten mein Vater und mein jüngerer Bruder Bert auf. Sie waren mit dem Motorrad ETZ 250 ccm von Sonneberg gekommen, etwa 90 Kilometer. Ihnen stand das Entsetzen im Gesicht. Ihr kriegt mich nicht! Ich holte das Armeeklappmesser aus der roten Reisetasche. Die Fensterriegel waren innen abgeschraubt. Mit dem Schraubenzieher drehte ich es auf, stieg durch und war weg!

In diesem Affenstall konnte ich es auf keinen Fall länger aushalten. Ich ging die Straße Richtung Westen, fragte einen Mann, der seine Auto wusch: „Fahren Sie mich nach Sonneberg?" Er lehnte ab.

Bis zu einem Feld ging es, dahinter die Fernstraße nach Nordhausen. Da war ein Sandkasten. Ihr kriegt mich nicht. Ich kniete nieder, tastete den Herzspitzenstoß, dachte meine letzten zehn Gedanken. „… Schau auf die Uhr deiner Großmutter!", und dann schob ich die große Klinge meines Messers durch das Unterhemd bis zum Anschlag in die Brust. Doch es klappte nicht! Doppelt hält besser! Kniend schob ich die Klinge im Nabelbereich ganz hinein in den Bauch! Hatte ich die Aorta durchtrennt? Ich fühlte die Schneide an der Wirbelsäule. Doch irgendetwas war da – ich sollte nicht sterben! Ich erkannte: Ich muss zurück und meinen Weg gehen! Messer raus. Ein noch nie dagewesenes Glücksgefühl durchströmte mich.

Da kam auch schon ein Polizeiauto … Ich übergab meine Waffe. „Ich muss zurück in die Klinik!" Ab da fehlt mir jede Erinnerung. OP. Narkose. Retrograde Amnesie. Die Chirurgen sprachen von „Kunststößen". Es war nichts verletzt!

Intensivstation. Ich sah in den Spiegel am Waschbecken. Ich hatte strahlende Augen, glänzendes Haar, sah aus wie das „blühende Leben". Voller Energie! Nachts gaben mir die Schwestern ein Heft zum Aufschreiben. Sie weinten. Früh kam der „Arztfreund" mit einer Spritze – Tetanus, genau 10 Jahre rum. Sie kamen mit dem Röntgenautomat, verstrahlten meinen Bauch (Hoden). Visite: „Das ist derjenige, welcher!" Magnifizenz Usbeck, leitender Prof., tastete auf meinen Bauch herum und sah kurz in mein Gesicht. Es war kein Besuch gestattet, ich war sehr durcheinander, kaum Schlaf. Nach einer Woche ging es mit großer Bauchnarbe zurück in die Baracke.

Zweimannzimmer, Bademantel. Ich hatte den ganzen Tag Zeit, nachzudenken, was aus mir wird. Man seifte mich mit Haloperidol ein. Schwer depressiv. Ich freundete mich mit meinem Zimmergenossen an. Wir gingen durch den Vorderteil der Baracke (offene Station) durch die Tür in den Park. Ich schlief nur bis 4 Uhr früh und hatte marternde Gedanken. Nach vier Wochen ließ man mich freitags nach der Visite nach Hause fahren. In Arnstadt war fünf Minuten Zeit zum Umsteigen. Dann

Richtung Saalfeld über den Thüringer Wald nach Sonneberg. Ich las im Zug die Geschichten von den „Oliven". Sonneberger Originale in fränkischer Mundart. Das gab mir sehr viel Kraft, später mehr davon.

Samstags nahm ich ein Bad. Fühlte mich, als hätte mir jemand ins Gehirn geschissen. Da geschah etwas Außergewöhnliches: In meinem Zimmer schoben sich plötzlich eine Stunde lang nur glückliche Momente durch. Diese „Therapie" machte ich nun jeden Tag zwei Mal. Ich bekam einen neuen Zimmerkameraden – Frank vom Theater. Wir gingen in die Stadt, besuchten Katrin König, eine Theatermaus. Man versuchte, mich ins 5. Studienjahr zu überführen. Dozent Serpel, mein Arzt, hielt eine Vorlesung über die sechs Gründe des Suizids. Trafen alle zu. Jetzt rutscht mir den Buckel runter, umbringen tu ich mich nicht!
Meine Diagnose: Schizophrenie!

Nach 20 Wochen stellte sich die Frage der Verrentung. Mein Psychiater zu meinem Vater: „Nehmen Sie ihn mit nach Hause, wir können hier nichts mehr mit ihm anfangen!"

Was waren nun die glücklichen Momente? Hier in etwa chronologisch: Geboren wurde ich im Sommer 1958 in Sonneberg, Thüringen. Mein Vater arbeitete als Stationspfleger auf einer septischen Station. Meine Mutter war ausgebildete Krankenschwester. Mein Bruder „Volt" war zwei Jahre jünger als ich und Bruder Bert drei Jahre. Wir wohnten in der Gasse „Am Stadtpark". Spielplatz gegenüber vom Haus. Meine Mutter arbeitete zehn Jahre nicht, bis wir alle in der Schule waren.
Schonni W., ein Freund, ging auch nicht in den Kindergarten. Im Sandkasten baute ich Burgen aus feuchtem und trockenem Sand. Alle paar Tage waren plötzlich viele Kinder im Park.
Mit der Dreiliterkanne holte ich immer frische Milch aus dem Spezialladen. Ich hatte ein Holzauto und dann einen Tretroller. Im Winter legten wir uns heiße Ziegelsteine ins Bett und

die Wäsche fror ein. Meine Eltern schenkten mir ein Buch mit den zehn Zahlen und Bildern.

Eines Tages kam Schonni mit einem neuen Freund und sie vermöbelten mich. Meine beiden Brüder kamen aus dem Haus, sahen zu, zwei solche Knirpse! Eines Tages war Kinderfest im Park. „Der Fuchs geht um!" wurde gespielt. Prompt kam ich ins „Faule Ei". Ich schämte mich so, nie wieder!

Am Sonnabend wurde ich eingeschult, in der Zuckertüte war viel Holzwolle. Am Montag ging ich in die „Geschwister-Scholl-Schule" gleich am Park. Lehrer Müller erklärte: „Wir schreiben auf den Rand zu!" Als ich die erste Seite des Heftes umblätterte, war der Rand links. Ich schrieb dann also von rechts nach links. Der Lehrer hob mich am Kopf aus der Bank ...

Man hatte mich in Erfurt am Auge operiert, weil sich das räumliche Sehen nicht einstellte. Ein Brillenglas war abgeklebt. Die Eltern erneuerten das Pflaster. Ich wurde gefragt: „Welches Glas war abgeklebt?" Die erste wichtige Frage in meinem Leben! Links wurde operiert, das ist das kranke Auge – Pflaster! Was für ein lebensentscheidender Griff, genau „falsch"! War ER es?

In der 1. Klasse war ich immer müde, dann bekamen wir eine junge Lehrerin, Frau Melbus und ab da ging es aufwärts! Ich las Märchen und Tierbücher. Am Juttaplatz bezogen wir eine Wohnung im dritten Stock. Am letzten Schultag der 2. Klasse war Appell. Ich hatte Geburtstag und die Sonne schien. Der Direktor überreichte mir das Buch „Die fröhliche Minute".

Mit Bruder Volt teilte ich mir ein Zimmer. Die Schule war nicht weit entfernt. Abends nahm ich meine Stofftiere in den Arm: Bär – stark, Löwe – mutig, Giraffe mit weitem Überblick. Morgens nach dem Wecken sah ich noch Bilder auf meinem inneren Schirm: Burgen, Schlösser, geheime Gänge, Prinzessinnen.

Ich war in einer Chorklasse. Nach einigen Proben entließ man mich. Am Schönberg, in der Nähe des Waldhauses, hatten wir einen Garten. Dort verbrachten wir viel Zeit. Wir hatten den größten Kirschbaum der Anlage. Ein Ganzstamm, sieben

Meter hoch. Wir lernten das Klettern. Eine Laube war auch da. Wir hatten einen Hasenstall, zeitweise sogar Hühner. Der Vater schlachtete selbst für den Sonntagsbraten alle sechs Wochen.

Ich sammelte Briefmarken, Mosaikhefte und baute Burgen aus Sperrholz. Sonntag früh zog ich los und sammelte Pflanzen (Pflanzenbestimmungsbuch).

Meine Mutter stammte aus Römhild, zwölf Kilometer von Hildburghausen entfernt, welches mit der Bahn in einer Stunde erreichbar war. Wir wurden jedes Jahr eingeladen, für ein paar Tage, auf den Bauernhof der Römhilder. Dort lernte ich im Freibad das Schwimmen und das Fahren mit einem Rad. In der 6. Klasse erlebte ich Abenteuer im Ferienlager Hasenthal. Ende der 7. Klasse war ich vier Wochen in der Pionierrepublik Werbellinsee bei Berlin. In der 8. Klasse hatte ich Jugendweihe. Eine Reise mit der Parallelklasse war angesagt, Jugendherberge in Berlin. In der Handballmannschaft von Herrn Fiedler war ich der Torhüter. Mein Wunschtraum war es, Zauberer oder Architekt zu werden. In der Schule, auf der Bank neben mir, saß Chris, Tochter eines Musiklehrers. In der 9. Klasse ging es dann in die erweiterte Oberschule „Hermann Pistor". Dort fand sich auch ein Herr Bischoff, der einen Judoklub gründete ... Bei der Kreismatheolympiade der 10. Klasse bekam ich die vollen 40 Punkte.

Bruder Bert war aus besonderem Holz geschnitzt, er lernte nie Russisch. Er hatte einen Eintrag: „Bert raucht heimlich im Stadtpark!" Auch stellte er einmal Räucherkerzchen unter der Schulbank auf. Direktor Grund sprach einen Verweis aus, „ein Brand der Schule konnte gerade noch verhindert werden!"

10.-Klasse-Prüfungen: mündlich in Russisch, Staatsbürgerkunde, Astronomie. In Astronomie Note 2, hatte Erdabplattung mit weichem b geschrieben!

In den folgenden Sommerferien bezogen wir ein Haus in der oberen Stadt. Meine Eltern hatten es gekauft, es war stark reparaturbedürftig. Einzig das Dach und der Kachelofen waren in Ordnung. Architekt Malsch machte den Entwurf und den Plan für Materialgenehmigung. Mein Vater und wir drei Brüder gingen auch eine Woche ins Holz. Der Förster hatte uns Bäume am Gunnersbach nahe der Röthenquelle markiert. Mit einer alten Ziehsäge ging es früh los. Wir hatten kein Auto. Unser Maurer Fritz Götz hatte Bruder Volt eine gebrauchte RT 125 geschenkt. Im Sägewerk „Bubi" in Köppelsdorf wurde das Bauholz zurechtgeschnitten.

In der 11. Klasse wollte man mich ein Vorbereitungsjahr lang nach Halle für ein Medizinstudium in Russland delegieren. In meinem Gesundheitszeugnis war das sehschwache Auge vermerkt. Da sagte der Russe: „Njet!" (Nein). Das war ein Riesenglück, lebensentscheidend!

Lehrer Kegel schrieb in Chemie eine Überraschungsarbeit, eine Frage wusste ich nicht. Mit einer 2 in Chemie für Medizin bewerben, das ging nicht. Da sah ich plötzlich Orange vor den Augen und die Formel schob sich rein! Das war ER. Studienort Erfurt oder Jena? Ich überlegte drei Minuten, nahm Erfurt. Hätte ich gewusst, dass man da die ersten zwei Jahre nach Leipzig muss, hätte ich Jena genommen. Aber meine Wahl war goldrichtig gewesen. Eigentlich wollte ich den Zeichenunterricht besuchen, aber Doc Räder rief mich in die Musikstunde und in den Chor! Das war eine echte Herausforderung! Ich las ein Schachbuch und verinnerlichte die Denkstrategien von den letzten zehn Weltmeistern. Bruder Volt war auch im Judoklub.

Französisch fakultativ, Denkmal eines Soldaten in Paris, „Merde!", „Scheiße!" Im Mathespeziallager in Ilmenau spielte ich beim Skat „Grün ohne elf Trümpfe" und gewann mit 61 Augen! Jeden Sonntag aß ich zehn Klöße! In der Musikprüfung sang ich das Lied „Am Brunnen vor dem Tore"! In der Staatsbürgerkunde konnte ich die Frage nicht beantworten – Note 2! In Mathe mündlich musste ich das vollständige Integral herleiten.

Uropa Frieder aus Neuenbau hatte vier Söhne, sie gingen alle im Weltkrieg drauf. Sein Leitspruch: „Wohl dem, der eines nicht verlor, im Kampf des Lebens, den Humor!" Meinem Opa gelang es noch, zwei Zwillingspärchen zu zeugen. Onkel Rolf fand sein Glück in Westfalen, zehn Enkel gehören zur Familie!

In Vorbereitung auf das Medizinstudium arbeitete ich zwei Monate im Kreiskrankenhaus auf der Station Chirurgie 3, Männer. Wer nicht 3 Jahre zur Armee ging, musste ein ganzes Jahr absolvieren. Ich sammelte erste Erfahrungen in Arbeitsablauf und Patientengut. Ich fuhr nach Erfurt, um mich ins Matrikelbuch einzutragen – Hochschulnummer 4848 der Akademie! Im Wehrkreiskommando hatte ich einen Termin. Der Offizier fragte, was ich gerne machen würde. „Sanitäter!" „Ist schon vergeben, wie wäre es mit Fourier, Sie können doch gut rechnen?" Der Fourier ist der Berufsunteroffizier, welcher im Regiment die Speisekammer überwacht. Wenn nun aber etwas mit dem Essen nicht stimmt? Ich sagte: „Mach ich nicht!" Wir einigten uns auf Brückenbaupioniere, sechs Monate Uffz.-Schule Eilenburg (östlich von Leipzig). Wieder hatte sich einen Hebel umgelegt! Am 1.11.1977 begann der Dienst. Ich reiste schon abends an, nachts döste ich im Bahnhof und früh um 6 Uhr begann der Lebensernst in der Kaserne! Wir wurden rund um die Uhr beschäftigt und gedrillt, alles durchdacht. Etwa 20 Genossen auf einer Stube. Sturmbahn und 3000-Meter-Lauf, ätzend. Ich hatte als Einziger eine rote Tasche. Konnte ich damit in Urlaub? Der Zugführer: „Für mich ist diese Tasche dunkelbraun!" Im Feldlager übten wir mit Pontons und machten den Bootsführerschein. Wir wurden auch als Sprengmeister ausgebildet ... Ich landete bei Ponton-Dessau nördlich von Leipzig, Brückenbauregiment. Ich war sehr unglücklich über diesen Job in der 3. Kompanie. Der Bataillonskommandeur Hofmann bestellte mich und zwei weitere Uffze zu sich. Er fragte Ulrich und Fritsch: „Möchten Sie Aufklärer werden?" Sie lehnten ab. Ich nahm an. Selbstständiger Gruppenführer im Stab, das war Rettung in höchster Not (ER)! Ich hatte einen Achtradschwimmpanzerwagen mit Fahrer. Drei Reservisten ruderten mit dem Schlauchboot über den Fluss, hielten die Messlatte und ich schaute durchs Nivelliergerät – Flussbreite! Zehn Vierteljahresreservisten. Längste Brücke 324 m, Elbe.

Es gäbe noch so viel zu berichten. Urlaub am Scharmützelsee mit Sekretärinnen in der Ausbildung. 1096 Tage für den Weltfrieden!

30.10.1980, Schluss! Nie mehr mache ich etwas, was ich nicht will.

Vor 6 Uhr verließen wir die Kaserne und ich war mittags in Sonneberg. Am folgenden Montag ging es früh nach Leipzig. Studentenwohnheim Nürnberger Straße 48 gegenüber vom Bayrischen Bahnhof. Viermannzimmer mit der Nummer 205. Ulli, Roche und Ecke (Stomatologe) waren da, eine glückliche Besetzung. 26 war meine Seminargruppe. Die Vorlesungen gingen jetzt erst richtig los. Ich kann hier nicht ein ganzes Physikum an der Karl-Marx-Universität erläutern! Wir lernten täglich bis 22 Uhr. Alle 14 Tage fuhr ich nach Hause. Das Lernen fiel mir nicht leicht. Die Hörsäle waren gleich in der nahen Liebigstraße. Die Mensa befand sich im Unihochhaus. Die Studenten legten ihre abgelaufenen Essenbons auf einen Tisch. Ich sammelte sie. Die Farbe, das Datum und klein der Monat! Mit diesem Trick aß ich immer zwei Mal zu Mittag! Wir lernten auch Russisch, Englisch und Latein. Ich freundete mich mit Linda an, einer umwerfenden Blondine. Nach den Prüfungen des 1. Studienjahres arbeiteten wir unentgeltlich drei Wochen in den Kliniken. Eine Oberschwester hatte mich ausgewählt, ich landete in der Augenklinik Station drei. Linda verknackste sich an der letzten Stufe der Wohnheimtreppe den Fuß und wurde nach Hause gefahren (ER). Es wurde nichts mit uns.

In Sonneberg machte ich meine Motorradprüfung und kaufte mir in dem Laden eine ETZ 250 ccm. Im 2. Studienjahr hatten wir Anatomie. Der runde Hörsaal fasste etwa 500 Studenten. Die Sezierhalle war gleich nebenan. Professor Leutert schärfte mir das Skalpell! Er hatte auch das Lehrbuch verfasst. Wir hatten zehn Testate, arbeiteten am Mikroskop mit histologischen Präparaten. Biochemie, Physiologie und Embryologie waren weitere Fächer. Doch am meisten gefiel mir der Kurs in Wahrscheinlichkeitsrechnung und Statistik. Mit Rudi machte ich den Übungsleiter im Kleinkaliberschießen. In der Augenklinik absolvierte ich meine Pflichtnachtschichten, las die Akten. Wir waren im Coffe Baum, Auerbachs Keller und Andrea zwinkerte mir zu. Zu Pfingsten machten wir, sieben Studenten meiner Seminargruppe, eine viertägige Rennsteigwanderung mit Zelten und Schlafsäcken. Einfach toll!! Die Prüfungen waren schwer. Roche brach das Studium ab. Ich ließ mein sehschwaches Auge operieren, der rectus internus wurde 6 mm gekürzt (Prof. Haß, OÄ Haas). Da werden die Mädchen aber laufen!

Einige Tage vorher war ich in mich gegangen und dachte: „Lieber Gott, wenn es dich gibt und es klappt mit dem Auge, gehe ich in die Kirche – und räume auf!" Ich war sehr erstaunt, dieser Nachsatz stammte nicht von mir! Das war mein „Vertrag" mit Gott! 3. Studienjahr Erfurt, Medizinische Akademie. Ich kam in ein Dreimannzimmer in einer abgeschlossenen Wohnung mit Küche und Bad. Ich dachte, einen Tisch könnte man noch gebrauchen und ein Radio. In der Zeitung fand ich eine Anzeige von einer Haushaltsauflösung. Ich fuhr mit der Straßenbahn bis Erfurt-Süd und ging dann zu Fuß weiter. Da sah ich plötzlich einen Zettel an einer Haustür: „Tisch mit Polsterstühlen abzugeben!" Ich wurde mit der Besitzerin einig. Besorgte mir'nen Handwagen und fuhr die Garnitur zwei Stunden lang quer durch die Stadt. Dann holte ich mir noch das Röhrenradio. Ich war schwer in Conny D. verliebt.

Mit dem Judoklub von Dr. Mittag fuhr ich zum Wettkampf nach Rostock. Von Helga besorgte ich mir ein Wandbrett für das Radio ... Prüfungen in Pathologie: Gewebspräparate – verkäster Lymphknoten und Blinddarm. Pharmakologie bei Prof. Sprössig: Alkaloide! Mikrobiologie war mein Lieblingsfach. Im Studentenclub Engelsburg trank ich Gin Tonic. Meine Famulatur machte ich in Sonneberg bei den Ärzten Dr. Forkel und Dr. Steinheißer. Anfang des 4. Studienjahrs bat mich der Student Jürgen G., mit in sein Dreierzimmer im Wohnheim Donaustraße einzuziehen, mit meinen „Möbeln". Er war in der Seminargruppe 3 und diese stellte den ganzen Studentenfasching auf die Beine! Hennig war der Organisator und ich war der kreative Kopf. Wir machten zwei vollständige Programme. Von allen Seiten hatte ich Lob.

In einem einstündigen Gespräch legte ich dar, warum ich nicht Reserveoffizier werden würde, die beiden Professoren waren beeindruckt. Meine Freundin Sylvia, eine Kinderkrankenschwester, sah aus wie die Sängerin von „Roxette". Dann erkrankte ich schwer an Mumps, war fünf Wochen bettlägerig. Ich lernte für die Urologieprüfung, bekam die Note 1.

Zwei Wochen später ging es los mit dem psychiatrischen Selbstversuch …

Anfang Januar 1985 begann meine Arbeit als Hilfspfleger auf der Station Chirurgie 3 im Kreiskrankenhaus Sonneberg. Zwei Schichten, Wochenende. Stationsschwester Uschi. Morgens ging es um 6 Uhr los, die Spätschicht ging bis 22 Uhr. Die Abendküchenhilfe Gisela rief: „Endlich ein gescheiter Mann!" Ich arbeitete, ohne nachzudenken. Durchhalten! Der Mann von Gisela hatte ein Haus auf der Wehd gebaut. Der Praktikant Jens-Uwe bereitete sich auf das Medizinstudium vor. So hatte ich Freunde gefunden.

Eines Tages stach es in meinem Fuß und ich wusste nicht mehr weiter. Frau Dr. Öhler schrieb mich sofort sechs Wochen krank. Depression. Ich dachte, das Beste wäre, mich umzubringen. Da las ich in der Zeitschrift „Sowjetfrau", dass man das seiner Mutter nicht antun soll! In dem alten Naturheilkundebuch von Brauchle las ich von einem Studenten. Ihm war es so ergangen wie mir. Er kurierte sich und studierte dann wieder!

Nach ein paar Monaten Arbeit wurde ich wieder sehr niedergeschlagen. Im Fachkrankenhaus Hildburghausen legte man mir 14 Tage lang einen Tropf an: „Hydiphen macht's Leben schön!" Ich wurde nie mehr depressiv!

Im Fernsehen lief der Film „Das Leben und Werk des schizophrenen Dichters Alexander März". Rückzug aus Rollenerwartung, soziale Selbstisolierung, Autismus, Stimmenhören, Gedankenstottern und Aussetzen, bei jedem Schub Intelligenzverlust!

Im Frühjahr '86 hatte ich eine für die Umgebung unerträgliche Energiephase. Hildburghausen, geschlossene Station,

Zellengang. Der Arzt: „Wenn es bei uns so schön wäre, könnten wir uns vor Leuten nicht mehr retten!" Arbeitstherapie und sonst nichts weiter.

Im Sommer kam ein Anruf aus Erfurt. Ein Exorzist war exmatrikuliert worden. Der neue Studienleiter kannte meinen Fall, lud mich ins 5. Studienjahr ein! Dann kam noch ein Anruf früh um 4 Uhr: Bruder Bert hatte mit seiner Frau im Urlaub die bewachte ungarisch-österreichische Grenze überstiegen! Es hatte ihn nicht mehr in der DDR gehalten. Er hatte im Steinbruch als Kipperfahrer gearbeitet. Ursprünglich sollte er Kriminalist werden. Da musste er anderthalb Jahre bei der Bereitschaftspolizei in Meiningen dienen. Doch er erkannte das politische System. Er war von Reisen und Motorsport begeistert. In München fand er Arbeit bei einer Fotoapparatefirma. Wir würden ihn wohl in Sonneberg nie wieder sehen (Haftbefehl).

Am 1.9.1986 startete ich im 5. Studienjahr der Medizin in Erfurt! Ich bezog ein Einzelzimmer im Wohnheim Donaustraße, fünf Minuten bis zur Klinik. Übersicht Lernstoff: zwölf Prüfungen im Frühjahr (Staatsexamen). Ich hatte alle Bücher. Früh Vorlesungen, dann Duschen und Mittagsschlaf. Zweimal zwei Stunden intensives Selbststudium folgten. Ich war in der Seminargruppe 6 – lauter sympathische Mitstreiter! Sehr gute Atmosphäre! Roche war auch wieder da, er hatte es gepackt. Stephan, genannt „Django", ein Stomatologie-Student, fuhr mich und Christiane (3. Studienjahr) mit dem Trabanten am Sonntagabend nach Erfurt und am Freitagnachmittag zurück. Alle waren von meiner Originalität begeistert. Schweres Obicht = Obacht. Eines Tages schaute ich in die Auslage des Buchladens am Anger, sah einen Kalender mit einer Amaryllis-Abbildung (Schäferinnenblume), ging rein, fand nichts, wieder raus – da traf ich sie: Katrin König (ER). Sie hatte Selbstmordgedanken. Ich kümmerte mich um sie (Besuche), löste die Probleme. Totenscheinseminar – zwei Bücher, ich lernte die ganze Nacht! Bestnote. Militärmedizin schriftlich, ich sagte Karoline alles vor, bekam selbst die 4. Mit Christiane speiste ich am Domplatz vegetarisch – Theaterbesuch.

Ende des 9. Semesters. Praktikum. 48 Stunden im Kreißsaal, Frauenklinik. Eine Woche vor den Prüfungen plötzlich kaum Schlaf, Energieexplosion. Es wurde sehr dramatisch ... Roche und sein Freund Kufu waren dabei, als ich in der Baracke der Geschlossenen landete. Man schnallte mich nackt aufs Bett! Nach ein paar Tagen kam ich nach Hildburghausen, zehn Wochen. „Er ist zyklothym!" (manisch-depressiv), eine Gemütserkrankung!! Manie: Größenwahn, Ichbezogenheit, Spendierfreude, kaum Schlaf, großartige Ideen, äußerste Kreativität, phasenweise, kein Intelligenzverlust „Wir wissen nichts über diese Krankheit!", eine endogene Psychose. Ich fragte Prof. Reichel nach der Diagnose: „Schizophren bis abnorme Persönlichkeitsentwicklung", im Augenblick erkannte ich mein Schicksal und sagte: „Ich will nur wissen, was kann er (!) arbeiten?" Der Professor beugte sich nach vorne, riss das Maul auf, die Augen traten ihm heraus! Nie wieder sah ich ein so verblüfftes Gesicht. Das war es in Erfurt.

In Sonneberg traf ich den Studienleiter in der Stadt: „Sie haben alles richtig gemacht!" Mein Stipendium lief noch bis zum 31.8.1987!

Ich suchte Arbeit, eine leichte körperliche, ohne Nachteinsatz. Das Amt: Rein zufällig (!!) war eine Stelle im Lager des Großhandels „Kulturwaren" in Sonneberg-Nord frei. Die Verwaltung befand sich in der Cuno-Hoffmeister-Straße. Es ging um Spielwaren und Kunstgewerbe, welches in den gesamten Bezirk Suhl ausgeliefert wurde. Am Wareneingang übernahm ich mit zwei Kollegen die LKW-Lieferungen. Wir verbrachten sie mit Hubwagen in die einzelnen Bereiche im Haus. Jochn machte die Schreibarbeiten, Fred war Freitagsbratwurstbrater. Ich wurde stark manisch: sechs Wochen stationär Hildburghausen ...

Die Frauenwelt meiner Firma interessierte mich sehr ... Jochn machte sechs Wochen auf Ischias. Da wurde ich wieder manisch, aber diesmal beherrschte ich die Manie! Zweimal vier Wochen verkürzte Arbeitszeit zu fünf Stunden! Die Manie ist etwas Wunderbares, wenn man andere Personen nicht belastet.

Meine Mutter und ich machten 1989 eine „Westreise". Ihr Halbbruder Ewald hatte Silberne Hochzeit. Wir trafen Bruder Bert und seine Frau, fuhren ein paar Tage nach München ... Im Sommer desselben Jahres lud mich Bruder Volt, Bauingenieur in Weimar, und seine Familie zu einem Campingurlaub nach Rheinsberg ein. Auf meiner Rückfahrt mit dem Zug am 1.7. las ich das Neue Testament.

Ich wollte mir das Akkordeonspielen selber beibringen ...

Im Herbst dann der Mauerfall, Schabowski: „Unverzüglich!" (9.11.1989).

Mit Fünf-Gang-Rädern eroberten meine Eltern und ich ganz Franken ... Außerdem war meine Spezialität „Waldlauf am Schönberg".

Der Großhandel hatte keine Zukunft mehr. Man behielt mich bis zum Ende des Jahres 1990, da ich wegen 50 % Behinderung unkündbar war. Ich saß dann zu Hause, trank Tee, meldete mich auf dem Arbeitsamt krank und tat „nichts" mehr! „Wir brauchen Sie weder in der Produktion noch im Handel!" Im Herbst '91 wurde ich Erwerbsunfähigkeitsrentner. Doch nun begann erst meine eigentliche Lebensarbeit!!

Im November '91 machte ich einen Computerkurs in der Abendschule. Ich verstand nichts. So hatte ich abgebaut.

„Jetzt gehen wir systematisch vor!" In der Stadtbibliothek lieh ich mir zwei Bücher aus: Jesus existiert/er existiert nicht. Im Wörterbuch der Philosophie fand ich den Begriff: Theodizee = Gottesbeweis und den Satz „Beten und Lernen ist auch Arbeit". Barbara und Birgit suchten mir ein Yogabuch: „Kundalinikraft". Das Buch „Kempo, die Kunst des Kampfes" war sehr hilfreich für die Entwicklung verschiedener Mentaltechniken. Am 29.2.92 (Schaltjahr) war ich zum Geburtstag meines Neffen in Weimar eingeladen. Ich schlief vier Tage nicht, war hochmanisch, topfit.

Füllte einen „Wagnispass" aus und entwickelte ein Mantra: „Suntsusonnearthearthanthropopophilosophikerjüh!" Hieß: „Hier bin ich mit meinem Programm, Gott zeige dich!" Ich zweifelte, ob ich fahren sollte. Da klingelte das Telefon, eine sympathische Frauenstimme: „HIER AUSKUNFT, BITTE NICHT WARTEN!" Das war sensationell!!!!

Es war am Samstagfrüh, der Bus fuhr nicht, ich nahm das Taxi. Abends auf der Rückfahrt im Zug flackerte das Licht bei meinem Mantra. Vorher im Erfurter Bahnhof war ich von der Polizei und einer Ärztin geprüft worden: „Sie sind Epileptiker und haben keine Medikamente!" Ich verneinte. Um 24 Uhr war ich zu Hause in Sonneberg, nahm einen lytischen Cocktail. Früh waren Dr. Heiter und Dr. Öhler da. Euphorisch erzählte ich meine teils dadaistischen Erlebnisse. Ich landete in Hibu Station 10, schwere Mischpsychose. Die Station war im Umbau, es waren nur einige jüngere Männer da. Frau Dr. Man-Gold trank einen Tee mit mir. Ich fühlte mich wie „Highlander" und erzählte die Story vom alten Oliv.

Das „Blaue Band" hatte ich gewonnen und ließ mir nichts mehr anmerken. Nach vier Wochen kam mein Vater und erwirkte meine Entlassung. Jetzt war ich frei!!

Ein Jahr manischer Arbeit lag vor mir. Ich werkelte am großen DU (Dr. universale). Mit der Formel e hoch 7 = 1096 versah ich kleine Minibüchlein, verschenkte sie und erzählte dabei von der Mathematik Gottes. In Barcelona war Sommerolympiade: die Zahlen des Herrn!! Hatte ich den „Stein der Weisen" gefunden?

Mein Zimmer verwandelte sich in eine magische Kammer (Ausrüstung). Der Bundesnachrichtendienst nahm über Radio Kontakt auf ... Dagmars Schreibwarenladen (Schanzstraße) war mein Anlaufpunkt ...

Da unternahm Bruder Bert seine Fahrradtour: München–Sonneberg! Die Eltern von Anja luden mich zur Schuleinführung in die Malschenalm ein. Im Vorraum war die Familie von Heike mit dem kleinen Michael – eine Stunde lang ein Feuerwerk des

Humors aus meinem „Bauchladen". Nun tauchte mein Kindheits-
freund Schonni auf. Er war Invalide, wohnte in einem Wolken-
rasenblock, hatte einen Billardtisch und einen Jungen in der 5.
Klasse. Sonntags besuchte ich ihn regelmäßig. Kai, ein Freund
in der Ausbildung, ein sehr guter Spieler, war auch da. Einmal,
auf dem Weg, rief jemand laut: „Das ist ein Hel-lux, der schläft
nachts nicht!" Erstaunlich!! Beim Bless-Blouß-Cross (Blessberg-
Blößenberg- Lauf)in Rauenstein hatte ich meinen ersten öffentlichen Auftritt. Mein Outfit war sehr extravagant …

Ich arbeitete dreimal acht Stunden täglich. Etwas Schlaf früh
auf der Couch. Mit fünf Tisercin konnte ich die ganze Nacht
durchschlafen. In der Galerie Hubert Gädtke kaufte ich mir
das Bild „Sonntagsfreude" für 300 Mark, von Annelie Schenke
in Aquarell gemalt.

Wolfgang Kuebart, den Spielzeugmuseumsbibliothekar, un-
terstützte ich bei seinem Vortrag über die „Olivengeschichten".
Ich baute einen Setzkasten und stellte ihn bei Gädtke und Kuebart vor. Im Krankenhaus unterhielt ich mich zwei Stunden
lang mit Michael aus Nigeria in Englisch. „A man of 2 and 2 is
4!" Abends plante ich, den Setzkasten beim Baptistenpfarrer in
der Juttastraße vorzustellen.

Die ganze Nacht ging es in meinem Kopf: „Wir wissen alles,
du weißt alles!" Ich „dissoziierte", Gott meldete sich im Dialog
in meinem Kopf. Der Heilige Geist war als Klopfen im linken
Ohr und Jesus ebenso im rechten Ohr!!!! Früh war Setzkasten-
termin. Das perfekte A-Team! Vier Christen hörten bei meiner
Geschichte zu. Nie wieder sah ich solche leuchtenden Gesichter! Der Pfarrer: „Nostradamus ist nicht unser Prophet, ich ge-
leite Sie hinaus!" Wie weiter? Eine gewaltige Stimme rief vom
Eichberg: „Na komm schon!" Ab nach Hause … „Himmelreich
auf Erden ist Realität im Werden!"

Gott testete mich – ich hielt ein FÜNFTÄGIGES DIALOGPLÄDO-
YER mit viermal 20 Minuten Schlaf. Dann war es gut!!!! Ich fei-
erte sechs Wochen lang mit Jesus. Erstaunliches im Fernseher!

Drei-Gang-Fahrrad mit Runter-Reibe-Nabenschaltung ... Ich besorgte mir einen Farbfernseher ...
Sonntags, evangelische Stadtkirche. Aufbau einer Bibliothek, wollte „Androloge" werden. Bei Klaus Heß im „Sumbarcher Loudn". Kauf von Postkarten. Bei Schonni schleppte ich alles zum Fasching ran. Kai – Schach: Matt in drei Zügen, Brett um 90 Grad gedreht! Flugzeugabsturz: Veröffentlichung des 1. Briefes, handschriftlich! Der Wein-Gebler erkannte mich und rief: „Jonne II!" Dagmars Laden wurde geschlossen. Außerdem betreute ich Susanne, eine Schülerin der 8. Klasse, sehr gute Noten (wohnte in der Nachbarschaft). Mit ihr spielte ich alle drei bis vier Tage Billard auf einem Tisch, den ich von Schonni bekommen hatte. Der BND ließ früh um 4 Uhr im Radio durchgeben: „Ist das ein normannischer Kleiderschrank? Wir haben alle einen Stau auf dem Kreuz! 65 Jahre und keinen Tag älter!" Im Kaffee Bacara am Kemmleinshügel kehrte ich oft ein. Nach einem starken Zeichen von Gott veröffentlichte ich den Brief „84". Ein „Blaues Wunder": Sonntags ging ich immer zu Schonni, Kuchen essen. Dagmar verstarb nach kurzer, schwerer Krankheit.

Meine Gedanken und die Umwelt verschmolzen, es wurde alles eins, ich kam in die soziale Isolation. Unverständnis der Eltern, ich verpflegte mich selbst, hatte eine elektrische Kochplatte im Zimmer, wollte sogar ausziehen. Ich war mehr drüben als hüben. Im Frühjahr 1993 war ich zur Jugendweihe von Susanne in der Frankenbaude eingeladen worden, aß neun Klöße. Susanne interessierte sich für Wrestling und verfolgte die Serie „Parker Lewis, der Coole von der Schule!" im TV. Von diesem manischen Jahr hätte ich noch 1000 Sätze, Gedanken zu berichten! Ich fasse mich kurz, es traten Komplikationen auf!!!

(Den Setzkasten und die Originaltexte hatte ich dem Direktor des Spielzeugmuseums, Herrn Dr. Hoffmann, übergeben, für den Ernstfall!) Es fing ganz harmlos an, aus kleinen Geräuschen hörte ich plötzlich Worte. Der Tag kam, da wurde es ganz massiv. Ich unterhielt mich die ganze Nacht mit einer tropfenden

Dachrinne. Was war los? Ich bat Jesus um einen Tipp, schrieb auf einen Zettel: „Die Glocke von Sonneberg!" Wenn ich an den Häusern vorbeiging, konnte ich hören, was die Bewohner dachten und umgekehrt!!! Meine Gedanken strahlten auf die ganze Stadt aus. Aus dem Wort „Gotha" (gehe tags) wurde „Gottscha" und ich telepathierte: „Ein Gottscha ist im Auge des Aurasturmes einer Stadt!" Die Leute kommunizierten. Mein Vater, nach der Arbeit, rief im Flur: „Der Gottscha hat wirklich was drauf!" Eines Tages „raschelte" ich immerzu. Meine Mutter am Telefon: „Wir haben einen Gottscha in der Stadt, der verraschelt aber immer alles!" Aus der Nummer musste ich raus!!! Ich brauchte Körperkontakt, zog los und drückte jedem, den ich traf, die Hand. Aus einem Dachdeckerradio tönte es laut: „Andreas Walter geht durch die Stadt und gibt jedem die Hand!" Frau Lippmann und ihr Gatte: „Der ist Gottscha und läuft Gotha!" Diese Hölle dauerte vier Wochen!!! Ich wandte mich wieder meinen Eltern zu, speiste wieder in der Küche. Nach wenigen Wochen ging das Stimmenhören wieder los. Dr. Heiter – Schlafmittel Loretam. Dr. Öhler – Glianimon. Die Stadt blieb Gott sei Dank ruhig. Das passierte insgesamt fünf Mal, immer vier Wochen lang. Von dem Glianimon bekam ich Sehstörungen und Denkstörungen! Gedankenstottern, Aussetzen, leerer Kopf. Musste mich zwei bis drei Stunden lang hinlegen, bis der Anfall vorüber war. Konnte nachmittags und abends nicht mehr in die Stadt, da ging es sonst sofort los. Schwere Schizophrenie. Ich brannte aus. Es ging nicht mehr! Ich musste dringend nach Hibu, sonst war es das Ende! Überraschung: Hibu – neuer Klinikkomplex für 20 Millionen D-Mark!!! Den ganzen Tag therapeutische Behandlung vom Feinsten! Ich lernte, mit den Sehstörungen umzugehen. Im Sommer 1994 musste ich zum Gutachten nach Neuhaus am Rennsteig.

Ich fuhr mit dem Bus, bekam eine gewaltige Sehstörung von fünf Stunden. Ab da ging es stark abwärts. Erneute stationäre Einweisung Herbst '94. Mein Medikament: Fluanxol. Zehn Wochen Neuaufbau ... Trotzdem Sehstörungen, aber etwa nur einmal pro Woche für eine Stunde. Ich bekam auch die Stimmungskapsel Tavor (bei Bedarf) und Zolpidem für den Nachtschlaf. Ich ging nur noch früh aus dem Haus. Bis 2002 robbte ich in den Sümpfen der Schizophrenie herum. Da traf ich Renate, sie nahm mich mit in eine Selbsthilfegruppe. Dort lernte ich Tana kennen ... Das ganze Jahr 2003 testete ich mit Frau Dr. Öhler sämtliche möglichen Medikamente, bis Olanzapin in höchster Dosierung Erfolg hatte. Keine Sehstörungen mehr und nur noch minimale Stimmeneffekte!!! Ich war geistig entleert und sozial völlig isoliert. Ich musste mich nun wieder vollkommen neu aufbauen, neu erfinden. 2007 wurde ich sechs Wochen lang stark manisch und schrieb einen Brief zum Thema „Klimawandel". Olanzapin hielt auch in der Manie stand! Vor dem Haus hörte ich eine laute Stimme: „Wenn du nicht schreibst, gehen wir alle vor die Hunde!" Es war doch nicht alles so einfach, wie ich es bisher dargestellt habe. Hier nun meine Klimaarbeit.

BUCH DREI

Erinnere dich:

17,17 – Dein Wort ist Wahrheit (die Bibel: Gott existiert), 1992
8–4 Achte Menschenrecht 4 (Schade keinem anderen Menschen), 1993. NEU 2007 JONNE II – KLIMAVISION 3 SEITEN. PLUS Präsident der USA, George W. Bush (Mister B). Haben Sie nicht die Hurricantrompeten von Jericho gehört! 12 Uhr!!

Ich habe den Film Fahrenheit 9/11 von Michael Moore 2-mal gesehen und verstehe nicht, warum Sie noch einmal gewählt wurden. Sie sind ein cleverer Geschäftsmann – Sie haben dem amerikanischen Volk einen Krieg verkauft (Irak) und die haben ihn genommen! Haifischscheiße! Kosten: 2 Milliarden Dollar pro Woche und 3000 US-Soldaten getötet. Sie sollten im nächsten Leben im hungernden Afrika wiedergeboren werden! Mister B: „Ich glaube nicht an Wiedergeburt, davon steht nichts in der Bibel." So you are a black smoker?

Nun, 325 nach Christus, auf dem Konzil von Nicäa, wurde die Reinkarnationslehre erst offiziell aus der Bibel gestrichen; 535 n. Chr., auf dem Konzil von Konstantinopel, wurde sie endgültig als Irrlehre erklärt.

Mister B: „Ok, was ist mit dem Planeten Erde?" Der Patient will die Wahrheit hören, allerdings die angenehme, also los! UN-Klimakonferenz von Nairobi (Kenia), 6 Rechenmodelle: Die Temperatur der Erde wird bis zum Jahr 2100 um 1,8 bis 6,4 Grad Celsius steigen. Hauptklimagase: Wasserdampf, Methan, Kohlendioxid (CO_2). Methan ist 200 Mal so gefährlich wie CO_2 und lagert als Methanhydrid in großen Mengen auf dem Grund der Weltmeere. Wenn sich die Temperatur der Ozeane um 3 Grad Celsius erhöht, wird dieses Methan freigesetzt – das wäre das endgültige Aus für das Weltklima der Menschen!

Durch den CO_2-Ausstoß der Industrie bereits Erwärmung um 0,7 Grad Celsius. Auch erhöht sich der Meeresspiegel durch das Abschmelzen der Polkappen bis zum Jahr 2100 um 59 cm (vollständige Schmelze bei 50 m). Betroffen sind hier erst die Städte an den Küsten und großen Flussdeltas. Die Polschmelze ist eine cura posterior (spätere Sorge). Jetzt geht es um die Klimaerwärmung durch CO_2-Ausstoß.

Mister B: „Warum gibt es mehrere Rechenmodelle?"

Die Zahl der Bevölkerung lässt sich schwer vorhersagen! Werden es 7 oder 10 Milliarden Menschen werden? China handelt hier sehr weise: Es gilt das Ein-Kind-Prinzip (5 % Weltackerland, 10 % Weltbevölkerung). Die Erde ist ein Planet des freien Willens! Es gilt: freies Wort! Es gibt immer mehrere Möglichkeiten! 0,7 Grad + 1,8 Grad = 2,5 Grad würde gerade noch unter der kritischen Marke von 3 Grad Celsius Erhöhung liegen! (Walter 2022, Klimaabkommen Paris 2015 – 195 Staaten: Eine Erhöhung um 1,5 Grad ist gerade noch beherrschbar, 1,1 Grad Celsius Erhöhung sind bereits erreicht!).

Mister B: „Was können wir tun?" Nicolas Stern, der ehemalige Leiter der UN-Weltbank, hat berechnet: Wenn wir jetzt nicht 1 % des Weltbruttosozialproduktes investieren, müssen wir bald das 20-Fache bezahlen. Was kostet ein Sturm (Kyrill), Hochwasser (Elbe, Oder) pro Jahr in Deutschland (Dtl.)? 3 Milliarden Euro geteilt durch 100 Mio. Bürger ergibt 30 Euro pro Bürger jetzt, bald das 20-Fache (600 Euro pro Jahr und Bürger). Das wäre dann also der Preis des CO_2 in Dtl. (10,2 Tonnen pro Jahr), also 1 Tonne rund 60 Euro!

Mister B: „Von anderer Seite habe ich den Preis von 67 Euro je Tonne CO_2 gehört." Angebot, wie wäre es mit 69 Euro je Tonne CO_2?

Mister B: „Einverstanden, wie finanzieren wir das?"

Es gilt erstens: 1 kg Kohlenstoff ergibt 3,6 kg CO_2. Zweitens: 10,2 t CO_2 geteilt durch 300 Tage = 30 kg CO_2 pro Tag und Bürger. Das entspricht dem Verbrauch von 11,5 Liter Öl in Dtl.

Drittens: 1 Tonne CO_2 kostet 69 Euro Kohlendioxidsteuer = Erdsteuerberechnung (ErStBe), englisch EarStB = Earth Stick B.

Sie werden sehr bald bemerken, welche Produkte aufgrund ihrer ungünstigen CO_2 Bilanz im Preis anziehen. Erstfinanzierung: Nehmen Sie einen Kleinkredit auf, kaufen Sie 2 Sparlampen (6 Mal so teuer, 6 Mal so lang haltbar wie eine normale Glühlampe, 1/5 Stromverbrauch, 3 Jahre Garantie, recycelbar; 1 kWh zu 16 Cent) und lassen Sie sich von einem Hausenergieberater persönlich betreuen (Nicolas Stern: 275 Milliarden Euro weltweit).

Frau Dr. Angela Merkel, die Kanzlerin der BRD und zukünftige Vorsitzende des Europarates, hat berechnet, dass die Akkumulation des Kapitals der Weltbank 3 Jahre dauern wird (demokratische Gesetzgebung weltweit). Es reicht, wenn sich die 12 wichtigsten CO_2-Killerstaaten (u. a. BRD und USA) einigen, dann zieht auch China mit! Im Durchschnitt wären das 690 Euro pro Jahr und Bürger geteilt durch 10 Monate, also rund 70 Euro pro Monat! 50 % Einsparungen sind ohne Investitionen möglich!!! (Also 35 Euro). Vermeiden Sie einfach alles, was Energie verbraucht und/oder CO_2 erzeugt. Ausgenommen: CO_2-neutrale Energielieferer (Holz, Biogas, Wasserkraft, Wind, Solar). Folgendes kann jeder selbst tun: Senkung der Raumtemperatur um 1 Grad Celsius – Einsparung von 6 % Heizungskosten (Wohnräume 18 Grad, Schlafräume 16 Grad; Zimmerthermometer). Nach dem warmen Wasser ganz kurz kalt nachduschen (Abhärtung). Heizmethode nach Jean Pütz: ein Pullover mehr/intelligentes Lüften//intelligentes Waschen/Duschen/Baden, häufiger Urlaub zu Hause (Balkonien)//Verzichten auf Flugreisen/kein eingeflogenes Obst – mehr „Sauerkraut" essen//Fleischkonsum von 450 Gramm pro Woche ist ausreichend//Suppentage, Rauchverzicht (professionelle Beratung). Für weitere Einsparungen mit Investitionen (circa 35 Euro pro Monat!!) gibt es einen ganzen Strauß von Möglichkeiten: Kauf weiterer Sparlampen//Ersetzen der Stand- by-Schaltungen durch Mehrfachsteckerschalter (Einsparung von 2 der 17 Atomkraftwerke in Dtl.), moderne Solarzellen – Photovoltaik//Sonnenkollektoren – warmes Wasser// dezentrale Energieversorgung//Holzheizungen (Pellets), Erdwärme//Blockheizkraftwerke//Biogas.

Das Ass im Ärmel der Menschheit ist die Wasserstofftechnologie! Dr. Ottmar Edenhofer hat berechnet, dass bei Einsatz aller Innovationen die Erdtemperatur (Klima) um 2 Grad Celsius ansteigen wird (Paris 2015: Erwärmung um 1,5 Grad Celsius gerade noch beherrschbar!).

Weitere Möglichkeiten: Urlaub mit Bus, Bahn, Schiff im Inland/moderne Fenster und Kühlschränke/Fassadendämmung mit Styropor (4 cm = 40 cm Ziegelwand)/Innenraumdämmung mit Vakuumplatten (1 cm = 40 cm Styropor)/Dach- und Kellerdeckendämmung (Stein- oder Glaswolle).

Innerstädtisch reicht ein 3-Liter-Auto (Die Landschaft erobert man nicht mit dem Gas-, sondern mit dem Fußpedal). Niemand braucht für diese 35 Euro im Monat den Gürtel enger zu schnallen. Denken Sie an Ihre Versicherungen, Bausparverträge und Sparguthaben (Hausgemeinschaften). Die Weltbank lässt den Großteil als Fördermittel in Solartechnik zurückfließen. Eine bessere Altersversorgung gibt es nicht, als die Erde zu erhalten. Ein Betrag von entsprechend 0,5 Liter Ölverbrauch pro Person und Tag geht in die Entwicklungsländer (Emissionshandel), denn diese 0,5 Liter verkraftet die Erde langfristig.

Mister B: „Was kann ich persönlich tun?" 2 plus 2 ist also 4 und nicht 3 oder 5. Beherzigen Sie den Rat von Michael Clair: 25 % des Militärhaushaltes für Solartechnik! Indianer überlegen bei einer Entscheidung bis in die 7. Generation. Pflanzen Sie 1.000.000.000 Bäume (klimaregulierend, humusbildend, gegen Desertifikation = Verwüstung) wie Mangari Maathai (Kenia: Grüngürtelbewegung seit 1984 bereits 3 Millionen Bäume). Es geht um die nächsten 100 Jahre – um die Köpfe der Menschen. Vergiss das Atomzeitalter, es gibt kein sicheres Atom (1 Castor = Spezialbehälter für radioaktiven Abfall hat das strahlende Potential von 40 Hiroshimabomben).

Paradigmenwechsel (Denkmodellwechsel) zum Solarzeitalter! Ächten Sie die Sonarbombe (Schall): Wale und Delfine sind besondere Tiere: Bei ihnen schlafen die Gehirnhälften abwechselnd. Resümee: Kernstück – Erdsteuer (Kohlendioxidsteuer) 69

Euro je Tonne erzeugtes CO_2 (Ausnahme: CO_2-neutrale Energielieferanten).

Mister B: „Welche Aufgaben hat die UN-Weltbank?" Sie finanziert die Fördermittel für Solartechnik und vor allem das Programm gegen Überbevölkerung (höchstes Sparpotential) in den Entwicklungsländern (Pille, Kondom; 40 Millionen leiden an AIDS), weiterhin den Stopp für das Abholzen der Tropenwälder (Zünglein an der Waage des Weltklimas – jeder Baum zählt!). Solarkochen ist weltweit ein Ausweg aus der Krise: Dr. Seifert seit 18 Jahren, 15.000 Parabolsolarkocher in 80 Länder (1/3 der Menschheit betroffen, Bedarf 200 Millionen). Derjenige, der den Berg versetzte, war derselbe, der anfing, kleine Steine beiseitezuräumen (chinesische Weisheit). Außerdem muss die Artenvielfalt der Weltmeere geschützt werden – Gefahr durch Überfischung (Bedarf 4 bis 14 Mrd. Euro) – nachhaltige Fischerei, 1 Mio. Arbeitsplätze. Noch einmal Nicolas Stern: Nur ein konsequenter Rettungsplan hilft! 2,3 Mrd. Menschen leben von einem Dollar pro Tag, 2 Mrd. ohne elektrischen Strom. Mit dem, womit man in den Industrieländern von 99 auf 100 kommt, schafft man es in den Entwicklungsländern von 0 auf 90! Zurzeit lacht noch die Hälfte der Menschheit auf Kosten der anderen (es gibt weltweit 946 Milliardäre). Ein kostenneutrales Mittagessen kostet in Dtl. 3,04 Euro, weltweit 50 Cent, in der Hungerhölle Sudan 33 Cent – jährlich verhungern 36 Mio. Menschen! Dr. Angela Merkel: „Jeder Bürger muss zu bewusstem Handeln geführt werden!" (CO_2 Bewusstsein/Gefühl für den persönlichen CO_2-Gürtel). Die Wirtschaft hat unter Beachtung der ökologischen Erfordernisse zuallererst dem Menschen zu dienen – und nicht umgekehrt!

UN-Bericht, 3. Teil: Die Menschheit hat noch ein Zeitfenster von 13 Jahren, um den Rettungsplan „Stern" umzusetzen, sonst erfolgt das Debakel (der Zusammenbruch). Verkehr (Land, Luft, Wasser) steht in den 15 alten EU-Ländern für 21 % der Treibhausgase. Davon entstehen 10 % durch Autofahren (besonders schädlich: Kaltstart und Kurzstrecken). Ein Flug München–London erzeugt pro Person 540 kg CO_2, München–Mallorca 70 kg (so viel produziert ein Inder im ganzen Jahr). Jeder weiß, dass man im Auto mit 180 km/h genauso schnell vorankommt wie mit 130 km/h. Umweltminister Gabriel hat berechnet, dass ein Tempolimit 5,6 % des CO_2-Ausstoßes durch Autofahren einspart – sehr richtig!

Mister B: „Wie viel CO_2 erzeugt ein 3-Liter-Auto pro km?" Rechne selbst: (Schlüssel!) a) 1 kg Benzin/Diesel ergibt rund 3 kg CO_2. b) Verbrauch 3 kg/100 km entsprechen 90 g je 1 km. „Um wie viel wird der Kraftstoff teurer?" Nehmen wir den Abakus (antikes Rechenbrett) zur Hand:

a) 69 Euro je t CO_2

b) 100 g CO_2 je km (3-Liter-Auto) = 69 Euro : 10.000 = 0,69 Cent/km!

In Dtl. hat man den Hybrid(Zwitter)-Motor erfunden (mehrere Kraftstoffe, auch Flüssiggas), doch man hat die Markteinführung verschlafen! Obwohl man die Motorleistung in den letzten Jahren um 40 % bis 60 % erhöht hat, baut man jetzt Rennwagen mit 250 g CO_2/km! Was ist möglich? Smart Diesel: max. 145 km/h, 3,4 l auf 100 km, Emission: 90 g CO_2/km! Japan baut den Toyota Prius: Hybrid (Otto-Elektromotor), 78 PS, 104 g/km. Zum Vergleich: Trabant „DDR", etwa 26 PS, max. 100 km/h, 5 l Benzin auf 100 km. Geplant 2008: Erstes Hybridauto Dtl./„Loremo": 1,5 l/100 km (Trick: nur die Hälfte des Gewichtes eines Mittelklassewagens). Geplant: Umstellung der Kfz-Steuer von Hubraum auf CO_2-Emission. (Toyota Prius 2 Euro pro Jahr) – auch hier gilt: Der Kunde ist König! Denken Sie ökologisch-ökonomisch-global!

Mister B – weitere Fragen! „Der Papst!" – Das Boot ist voll! Unterstützen Sie den Gebrauch von Verhütungsmitteln weltweit! (Die meisten Seelen inkarnieren erst ab dem 5. Schwangerschaftsmonat.) Die Bibel muss aus dem historischen Kontext heraus erklärt werden. Der nächste Papst hat die Chance, sich Benedikt der XVII. zu nennen. „Ist Christus auferstanden?" – Ja, die Bibel beschreibt 9 Fälle von Auferstehung. „Was ist richtig, Wiedergeburt oder ewiges Leben?" Ist Licht Welle oder Teilchen?

Beides ist richtig! Jesus teilt das Brot, der Dalai Lama das Wissen und Buddha lehrt 84.000 Wege. „Wofür steht 69?" Auch für Yin-Yang, das weiblich-männliche Prinzip der chinesischen Philosophie. „Eine Werbeidee!" –Dr. Hittich pflanzt jedem Kunden zum Geburtstag 10 Bäume! „Holz!" –Praktisch das Perpetuum mobile des Klimaschutzes (Plantagen). „Biogas" – in Dtl. aus Gülle oder Maisresten/Afrika: Farne (Marokko). „Fleisch" – in Dtl. 1.400 g pro Woche. Prof. Bankhofer: Ein Viertel reicht! „Rinder" – Erzeugen sehr viel des Methans weltweit (Treibhausgas). „Gentechnik" – Sie wollen besser sein als Gott (Reservoir Regenwald)! „Wie entstand AIDS?" – Menschen aßen Fleisch von Affen, diese sind immun! „Gesundheit" – Süßkraut, Stevia, Rebaudiana in die Ernährung einführen! Steigen Sie in ein Flugzeug, das mit einer Wahrscheinlichkeit von 1 zu 7 abstürzt? Jeder 7. Raucher stirbt an Lungenkrebs; Dtl. 17 Mrd. Schaden.

ENDE DES GESPRÄCHES

Dieser Text wurde im Auge des Herrn erstellt. Deshalb ist er frei für jegliche Nutzung. Vervielfältigen und übersetzen Sie bitte! Informieren Sie die wichtigen Leute! Seien Sie dabei, wenn der Geist die Materie besiegt!

Nicanor Perlas: „Das Herz der Revolution ist die Revolution des Herzens."

Jonne II, 8.4.2007

Dieser Brief wurde an 100 Bürgermeister in Deutschland verschickt. Null Rückmeldung, keinerlei Reaktion!

Die Erde rast auf einen Abgrund zu, alle machen weiter wie bisher. Ich war entsetzt, mein Herzblut, mein Leben!

Eine starke Angststörung folgte, dann ein Burnout, 2 Jahre lang. Ich distanzierte mich innerlich, zog mich in mich zurück. Keine Chance mehr und den sicheren Tod der Erdbevölkerung vor Augen. Mein intuitives Gottvertrauen hatte ich aber nicht verloren. Alles war schon erfunden, jetzt kommt nichts Neues mehr! Mit meinem Akkordeon (40 Bässe) flüchtete ich in die Welt der Musik. Ein 9-jähriges Bibelstudium fand seinen Abschluss. Auch hatte es mir der Schatz der deutschen Volkslieder angetan. 1847 errichtete der Kommerzienrat Fleischmann in der Nähe der evangelischen Kirche die Villa Amalie. Ein Nachfahre von ihm baute diese nach der Wiedervereinigung Deutschlands zu einem privaten Mehrgenerationenhaus um. Dieser Dr. Joachim Schede war vorher im Wirtschaftsministerium der Regierung in Bonn und Berlin. In dieser Villa nahm ich ab 2009 alle 4 Wochen am geselligen Singen der Senioren mit Frau Lieselotte Roß teil, anschließend Kaffee und Kuchen. Am Donnerstag gab es einen Jedermann-Stammtisch mit Elke: Getränke, Kuchen, dann einen Vortrag, Abendessen (Speisekarte), 114 Mal.

Im Haus waren: Nähwerkstatt, Holzwerkstatt, Modellieren, Spielzeuggestaltung für Kinder. Dort wurde das Licht bewahrt. 2015 verstarben Dr. Schede und seine Frau Dr. Maria Schede, das Haus wurde geschlossen.

Die Stadt Sonneberg (Thüringen) wurde 1349 gegründet. Dort entwickelte sich die Spielzeugfertigung aus großer Armut heraus. Mit der Industrialisierung wurde die Spielzeugproduktion weltmitbestimmend aufgebaut. 1910, bei der Weltausstellung in Brüssel, wurde die monumentale Schaugruppe „Thüringer Kirmes" gezeigt. (Diese befindet sich jetzt im Spielzeugmuseum Sonneberg.) Damals wurden in der Stadt große amerikanische Handelshäuser betrieben. Daher die Bezeichnung: „Weltspielzeugstadt". 50 Jahre lang das erste amerikanische Konsulat in Deutschland. Auch in den 40 Jahren DDR arbeitete ganz Sonneberg in der Spielwarenherstellung – die friedlichste Stadt der Welt!

BUCH VIER

Alle Pferde des Königs
Freie Energie für jeden Menschen

Quanten-Äther, Die Raumenergie wird nutzbar
Ulrich F. Sackstedt 2013
Raumenergie – Neue Energiequellen zum Nulltarif
Wilhelm Mohorn 2016
Verbotene Wissenschaften
Richard Milton 1994
Der Geist in der Materie
Eckhard Kruse 2013
Perpetuum mobile – Die Geschichte eines Menschheitstraumes
Arthur W. J. G. Ord-Hume 2014
Energie aus dem Nichts
Jürgen Heinzerling 1995
Das Geheimnis ewiger Energie
Andreas von Retyi 2015
Energie ohne Ende
Andreas von Retyi 2013
Energie Harvesting, Energie aus der Umgebung
A. und I. Schneider, Achmed Khamas 19
Der Wassermotor
Adolf und Inge Schneider, Jose Vaesken Guillen 19
Die große Transformation in Technik und Bewusstsein
A. I. Schneider Oktober 2020
Auf dem Weg in das Raumenergiezeitalter
Adolf und Inge Schneider 2020
Bahnbrechende Energietechnologien
DVD 2020 (Kongress)
Countdown
Mojib Latif 2022
Unsichtbare Welten

Armin Risi 2022
Overunity – Eine Reportage über die Jagd nach freier Energie
Jeane Manning, Joel Garbon 2012
Die Heureka-Maschine
Adolf und Inge Schneider 2017
Mit freier Energie gegen die Klimakatastrophe
Peter Lay 2007
Experimente mit dem Stirlingmotor
Ulrich E. Stempel 2014
Freie Energie – Oder warum fliegen UFOs?
Adolf und Inge Schneider 2014
Verschlusssache Antigravitationsantrieb
Paul A. La Violette 2010
Neue Experimente mit freier Energie
Ulrich E. Stempel 2015
Urschöpfungskraft und freie Energie
Anton Stangl 2009
Neue Energietechnologien
DVD Kopp-Verlag 2015
Raumenergie – Die unterdrückte Alternative zur Atomkraft
DVD, präsentiert von Prof. Dr. rer. nat. Claus Turtur
Der Quantum Energy Generator
Adolf und Inge Schneider 2014
Freie Energie für alle Menschen, Raumenergiemotor: Nachweis und Bau
Claus W. Turtur 2014
Verbotene Erfindungen, Energie aus dem „Nichts"
György Egely 2017
Metamorphose der Menschheit
Dieter Broers 2018
Denkt mit!
Harald Lesch 2021
Metahuman – Das Erwachen eines neuen Bewusstseins
Deepak Chopra 2020
Be Angry! – Die Kraft der Wut kreativ nutzen
Dalai Lama 2019

Coronomics – Nach dem Corona-Schock: Neustart aus der Krise
Daniel Stelter 2020
Aus Liebe zu Deutschland – Ein Warnruf
Hamed Abdel-Samad 2020
Quantenphilosophie und Interwelt
Ulrich Warnke 2013
Krebs und die neue Biologie des Wassers
Thomas Cown 2020
Wir waren im Himmel – Nahtoderfahrungen in der Kindheit
P. M. H. Atwater 2020
Der Sieg des Abendlandes – Christentum und kapitalistische
Freiheit
Rodney Stark 2005
Manipulierte Gene – verdrehte Welt
Steven M. Druker 2015
Heilen mit Berührung – Streichen Sie den Stress weg!
Michelle Ebbin 2017
Das geheime Leben der Seele
Sabine Wery von Limont 2021
Unsterbliches Bewusstsein – Kontinuität des Selbst jenseits
vom Gehirn
Ervin Laszlo, Antony Peake 2016
Neun Tage Unendlichkeit (Eine außergewöhnliche Nahtoder-
fahrung)
Anke Evertz 2019
Quantenwelt
Lee Smolin 2019
Mensch, Erde! Wir könnten es so schön haben
Dr. Eckart von Hirschhausen 2021
Darm mit Charme
Giulia Enders 2016
Am Arsch vorbei geht auch ein Weg
Alexandra Reinwarth 2016
Psychische Erkrankungen anders behandeln
William J. Walsh 2016
Engelseelen, Wegbereiter

Zora Gienger 2017
Gesundsein
Louise L. Hay 2013
Geführte Selbsthypnose
Beate Blumrich 2016
Erinnerungen an den Himmel
Wayne W. Dyer 2016
Reichtum ohne Gier
Sahra Wagenknecht 2016
Wer regiert das Geld?
Paul Schreyer 2016
Die große Enteignung
Janne Jörg Kipp 2015
Die Welt verändern
Margot Käßmann, Heinrich Bedford-Strohm 2016
Die Zitronensaftkur
Tom Woloshyn 2015
Mach dich unbeliebt und glücklich
Diana Dreeßen 2014
Omas großes Gesundheitsbuch
Dr. Jörg Conradi
Die Wahrnehmungsfalle
David Icke 2016
Junge Seelen, alte Seelen
Varda Hasselmann 2016
Energieheilung
Ann Marie Chiasson 2013
Mathemagie für Durchblicker
Arthur Benjamin 2016
Die letzten Tage von Atlantis
Karin Tag 2016
Megawandel
Johannes Holey 2016
Hochsensibel, was tun?
Sylvia Harke 2016
Schutzengel und Co.

Martina Heise 2016
Om, die Ursprache der Seele
Shri Balaji Tambe 2016
Wie du deinen Partner änderst
Chuck Spezzano 2015
Kraftquelle Ahnen
Monnica Hackl 2016
Lobbykratie
Markus Balser 2016
Heilende Räume
Esther M. Sternberg 2011
Hand und Fuß, Quellen der Heilung
Friedrich Butzbach 2016
Das Geheimnis wahren Reichtums
Shakti Gawain 2004
Weizenwampe Detox
Dr. med. William Davis 2016
Die Homöopathie des Mondes
Susanne Dinkelmann 2013
Wunderwurzel Kurkuma
Dr. Jörg Conradi 2015
Drachensturm
Markus Gärtner 2015
Märchen und Sagen der Indianer Nordamerikas
Karl Knortz 2017
Bittere Pillen
Kurt Langbein 2017
Die geheime Kraft der Träume
Denise Linn 2013
Detox mit Yoga
Ann Trökes 2015
Die besseren Pillen
Kurt Allgeier 2017
Denkspiele
Ines Moser-Will
Leuchtende Chakren

Barbara Arzmüller 2016
Gesundbeten mit Heiligen
Monika Herz
Energiepflanzen im Haus
Eva Katharina Hoffmann 2009
Saat der Zerstörung
F. William Engdahl
Die ursprüngliche Lehre Christi
Daniel Meurois 2017
Das Leben macht Geschenke, die es als Probleme verpackt
Karl Rabeder 2014
Das Tao des Glücks
Manuel Schoch 2007
Das große Aura-Praxis-Buch
Richard Webster 2011
Lichtwässer und ihre Heilkräfte
Gudrun Dalla Via 2012
Ich bin da ganz bei Ihnen
Hermann Ehmann 2014
Der Pfad schamanischer Heilung
Alberto Villoldo 2017
Je mehr Löcher, desto weniger Käse
Holger Dambeck 2012
Magie der Heilung
Wolf Wies 2014
Das Zauberbuch für Erwachsene
Michael Engel 2017
Die vierte Dimension
Raul Ibanez 2010
Mit ein bisschen Hilfe von oben
Debra Landwehr Engle 2016
Christliche Prinzipien des politischen Kampfes
Gabriele Kuby 2017
Die verrückte Welt der Paralleluniversen
Tobias Hürter 2011
Weniger ist mehr

Michael Korth 2011
Medizin zum Aufmalen
Petra Neumayer, Roswitha Stark 2012
Die Upanischaden
Eknat Easwaran 2008
Die Zahlenapotheke
Chaseo Rules 2016
Leben nach Maß
Petra Altmann 2009
Das goldene Zeitalter des Christentums
Philip Jenkins 2008
Schariakapitalismus
Sascha Adamek?
Gesund mit Ingwer
Ellen Heidböhmer 2006
Lügen die Medien?
Jens Wernicke 2017
Thich nhat hanh
Celine Chadelat 2017
Gesunde Fette
Dr. Joseph Mercola 2017
Gummizoo macht Kinder froh
Hans-Ulrich Grimm 2017
Albtraum Grenzenlosigkeit
Burkhard Voss 2017
Handlesen
Gertrud I. Hürlimann 2013
Warum Gedanken stärker sind als Medizin
Lissa Rankin 2017
Zellvitalisierung
Dr. med. Rosemarie Unshelm 2017
Ein Lob der Magensäure
Jonathan V. Wright 2016
Die sieben Säulen des Glücks
Abtprimas Notker Wolf 2011
Die Öffnung des 3. Auges

Ulrich Warnke 2017
Jesus, der Zenmeister
Adyashanti 2017
Medizin für die Seele
Sonia Choquette 2010
Werde übernatürlich
Dr. Joe Dispenza 2017
Illusion Tod, DVD
Johann Nepomuk Maier 2017
Jenseits des Greifbaren, DVD
Johann Nepomuk Maier
Vom Ego zur Essenz
Barbara Marx Hubbard 2001
Das Licht auf dem geistigen Pfad
Georg S. Arundale V11
Weckruf der Seele
Paul Ferrini 2016
Geheime Machtstrukturen
Joseph Plummer 2014
Das Rückenheilbuch
Inka Jochum 2020
Deutschland hat Rücken
Roland Liebscher-Bracht 2018
Über die Wahrheit stolpern
Travis Christofferson 2019
Die Urworttheorie, DVD
Dr. Michael König?
Die Diesellüge
Holger Douglas 2018
Energieschnüre
Denise Linn 2019
Gesund mit Wasser und Zeichen
Layena Bassols Rheinfelder 2018
Die entzündete Seele
Edward Bullmore 2018
Der Selbstheilungsnerv

Stanley Rosenberg 2019
Zeitreisen, Heilung für Körper und Geist
Birgit Feliz Carrasco 2016
Die kleine unkorrekte Islambibel
Peter Helmes 2016
Elektromagnetische Felder
Dr. Joseph Mercola
Wir können besser
Clemens G. Arvay 2020
Am Ende ist alles gut
Christina von Dreien 2020
Unerwünschte Wahrheiten
Fritz Vahrenholt, Sebastian Lüning 2020
Der große Impfreport
Neil Z. Miller 2016
Warum sind wir eigentlich noch nicht tot?
Idan Ben-Barak 2017
Leben ohne Pillen
Mirsakarim Norbekov 2020
Parasiten, die heimlichen Krankmacher
Alan E. Baklayan 2018
Die Seele braucht keine Pillen
Dr. med. Kelly Brogdan
Megacrash, Die große Enteignung kommt
Günter Hannich 2018
Freiheit ohne Gott
Werner Münch 2018
Schluss mit euren ewigen Mogelpackungen!
Peter Hahne 2018
Die Regulusbotschaften, Band I bis IV
Bettina Büx 2018
Keto gegen Krebs
Miriam Kalamian 2017
Illegale Kriege
Daniele Ganser 2016
Warum schweigen die Lämmer?

Rainer Mausfeld?
Arthrose heilen mit basischer Ernährung
Rosemarie Muth 2018
Leben wir in einer Illusion?
Lutz Gaudig 2018
Die Ordnung der Zeit
Carlo Rovelli 2018
Nie mehr Pradontose und Karies!
Case Adams 2018
Psi, die Welt ist anders, als sie zu sein scheint
Russell Targ 2013
Verbotene Archäologie
Michael A. Cremo 2006
Heilungsfelder
Larry Dossey 2012
Quantenphilosophie und Spiritualität
Ulrich Warnke 2017
Der Crash ist die Lösung
Matthias Weik 14
12 Rules for Life
Jordan B. Peterson 18
Wohin unsere letzte Reise geht
Beat Imhof 18
Warum die Reichen immer reicher werden
Robert T. Kiyosaki 18
Das große Buch der feinstofflichen Energien
Cyndi Dale 18
Wunderwerk Zirbeldrüse
Stefan Limmer 18
Die Psychologie der Anziehungskraft
Vanessa Van Edwards 18
Entdecke deinen Geburtsengel
Chamuel Schauffert 18
Besser hören – leichter leben
Anton Stucki 18
Tore zum kosmischen Bewusstsein

Anthony Peake 17
Weltverschwörung
Thomas A. Anderson 16
Mensch: Gemacht
Gregg Braden 18
Die Wiederentdeckung der Spiritualität
Rupert Sheldrake 17
Der Diktatorpapst
Marcantonio Colonna 18
Multiple Sklerose und (sehr viel) Vitamin D
Ana Claudia Domene 18
Wie der Rücken die Seele und die Seele den Rücken heilt
Kurt Mosetter 15
Auracoaching
Bahar Yilmaz 13
Zaubertrank, liposomal verkapseltes Vitamin C
Dr. med. Eberhard J. Wormer 18
Der Ruf der geistigen Welt
Bahar Yilmaz 14
Bruno Gröning, Das geheimnisvolle Leben …
Mara Macri 15
DNA-Aktivierung durch die kosmische Familie
Eva Marquez 16
Welten im Zusammenstoß
Dr. Immanuel Velikovsky
Der Weg des Meisters
Christopher Po Minar 18
Das große Buch der Energieheilung
Kalashatra Govinda, Fei Long 18
Die implizite Ordnung
David Bohm 18
Die Kraft der Acht
Lynne Mc Taggart 17
Heilung ohne Medizin
Albert Amao 15
Gestorben ist noch lange nicht tot

Penny Mc Lean 18
Brücke zum Jenseits
John Holland 18
Das große Buch der Akashachronik
Daniel Meurois 18
Covid-19 : Der große Umbruch
Klaus Schwab 20
Weltsystem Crash
Max Otte 19
Die Krise hält sich nicht an Regeln
Max Otte 21
Die Aminorevolution
Dr. med. Ulrich Strunz 21
Der Gottesbeweis
Deepak Chopra 2014
Zieht euch warm an, es wird heiß
Sven Plöger 2020
Keto-Cycling
Bruce Fife 2019
Keto-Fasten
Dr. Joseph Mercola 2019
Ketogene Ernährung für Einsteiger
Jimmy Moore 2016
77 Tipps für ein gesundes Gehirn
Dr. med. Ulrich Strunz 2020
Wir erleben mehr, als wir begreifen
Hans-Peter Dürr
Der 4-Stunden-Körper
Timothy Ferriss
Diät-Revolution
Dr. Robert Atkins 2018/1972
Heile deine Schilddrüse
Anthony William 2018
Entfalte deine Lebensenergie
Rajshree Patel 2019
Geheimnisse von Raum und Zeit

Walter Bloch 2020
Power fürs Gehirn
Felix Mayer 2018
Mit Geld zur Weltherrschaft
Thorsten Polleit 2020
Söhne und Weltmacht
Gunnar Heinsohn 2019
China am Ziel
Christoph Leitl 2020
Die Smartphone-Epidemie
Manfred Spitzer 2018
3–6–5 Der Atem-Code
David O'Hare
Kundalini Yoga als Seelenreise
Satya Singh 2019
Christina, Band 3: Bewusstsein schafft Frieden
Christina von Dreien 2019
Heile deine Leber
Anthony William 2019
Die Allergiebibel
Dr. Earl Mindell, Dr. Pamela Wartian Smith 2018
Vergiss deine Brille
Leo Angart 2018
Kinder brauchen keine Brille
Leo Angart 2020
Wieder lesen ohne Brille
Leo Angart 2019
Eine kurze Geschichte von jedem …
Adam Rutherford
Die bürgerliche Revolution
Markus Krall 2020
Superheilmittel Vitamin C
Thomas E. Levy 2017
Neues aus Absurdistan
Luc Bürgin 2020
Das Alter als Geschenk

Ruediger Dahlke 2018
Geo-Imperialismus
Wolfgang Effenberger 2016
Das Enneagramm: Die 9 Gesichter der Seele
Richard Rohr 2019
Ohne Worte: Was andere über dich denken
Thorsten Havener 2014
Warum ist $E = mc^2$?
Brian Cox, Jeff Forshaw 2018
Das kosmische Hologramm
Jude Currivan 2020
Tore ins unendliche Bewusstsein
Dr. med. Eben Alexander 2017
Junge Seelen – alte Seelen
Varda Hasselmann, Frank Schmolke 2020
Herr bleibe bei uns
Robert Kardinal Sarah 2019
Das Wörterbuch der Lügenpresse
Thor Kunkel 2020
Verzockte Freiheit
Markus Krall 2014
Die Denkfabriken
F. William Engdahl 2015
Aus toten Böden wird fruchtbare Erde
Gabe Brown 2020
Sicherheitsrisiko Islam
Stefan Schubert 2019
Gesundheit in unseren Händen – mit Mudras zu mehr Lebenskraft
Kim da Silva 2019
Innere Heilung
Alex Loyd 2019
Offiziell geleugnet!
Steven M. Greer
Die Mission der Seele
Robert Schwartz 2019
Was tun?

David Engels 2020
Der Koran auf dem Prüfstand
Eberhard Kleina 2019
Fremdenergien
Claus Walter 2019
Feldzug gegen die Nation
Viktor Timtschenko 2019
Das Ende des Alterns
Prof. Dr. David A. Sinclair 2019
Das kleine Handbuch des Stoizismus
Jonas Salzgeber 2020
Die Kräuter in meinem Garten
Siegrid Hirsch 2020
Mythos Klimakatastrophe, DVD
Marco Pino
Freiheit oder Untergang
Markus Krall 2021
Die Welt-Kraft in dir
Roger D. Nelson, Georg Kindel 2021
Naturwissenschaft und Religion
Ken Wilber 1998
Alles Leben ist eins (Die Begegnung von Quantenphysik und Mystik)
Renee Weber 1986
Was uns krank macht, was uns heilt
Christian Schubert 2021, 7. Auflage
Great Reset
Dr. C. E. Nyder Mai 2021
Das Corona-Dossier
Flo Osrainik 2021, 2. Auflage
Abnehmen am Bauch
Sarah Schocke 2021, 3. Auflage
Folge der Kraft des Samurai
Lori Tsugawa Whaley 2021
Freiheit in Gefahr
Hans-Jürgen Papier 2021

Corona-Impfungen aus spiritueller Sicht
Thomas Mayer 2021
Junge globale Führerin – Annalena Baerbock
Michael Grandt
Vater Eiche – Mutter Linde
Alfred Zenz 2019
Was will Putin?
Stephan Berndt 2015
Praxisbuch CDL (Chlordioxid)
Brigitte Hamann 2021
Die Welt mit anderen Augen sehen
Markholf H. Niemz 2020
Chronik einer angekündigten Krise
Paul Schreyer 2020
Der Griff in die Kasse
Hans Herbert von Arnim 2020
Der Corona-Schock
Hans-Werner Sinn 2020
Die Revolution ist fällig
Albrecht Müller 2020
Würde – Was uns stark macht
Gerald Hüther 2018
Qigong
Kenneth Cohen 2020
Megamanipulation
Ulrich Mies 2020
Warum wir mehr als einmal auf Erden leben
Beat Imhof 2020
Der größte Crash aller Zeiten
Marc Friedrich, Matthias Weik 2019
Der Garten der Druiden
Dr. Claudia Urbanovsky 2020
Change!: Warum wir eine radikale Wende brauchen
Graeme Maxton 2018
Der große Neustart
Wellem Middelkoop 2015

Wir sind das Klima
Jonathan Safran Foer 2019
Der Tag, an dem wir aufhören zu shoppen
J. B. MacKinnon 2021
Endspiel des Kapitalismus
Norbert Häring 2021
Sklavenplanet Erde – Es ist Zeit, aufzuwachen!
Gabriele Schuster-Haslinger 2019
Evolution 2021
Dieter Broers & Freunde 2. erweiterte Auflage
Die wundersame Geldvermehrung
Hans-Werner Sinn 2021
Ich hatte nicht immer, was ich wollte, aber alles, was ich brauchte: Erkenntnisse aus meinem Leben als buddhistischer Mönch
Björn Natthiko Lindeblad 2020
Jenseits von Materie
Prof. Dr. Oliver S. Lazar 2021, 3. Auflage
Naturgeister – Wahre Begegnungen mit Elfen und Zwergen
Annekatrin Puhle, Mary Tulloch 2016, 3. Auflage
Strommangelwirtschaft
Henrik Paulitz 2020
Der Weg beginnt unter deinen Füßen
Jeff Shore 2018
Der Welt-Geist: Wie wir alle miteinander verbunden sind
Roger D. Nelson 2018
Verjüngung ist möglich
Nina Ruge, Dr. Dr. med. Dominik Duscher 2021
Klimadämmerung
Frank Hennig 2021, 3. Auflage
Wenn Beteigeuze explodiert
Stephan Bernt 2021
Die Urquelle der Glückseligkeit
Ulrich Warnke 2021
5G – Die geheime Gefahr
Dr. med. Joachim Mutter 2021

BUCH FÜNF

DER 6. KONDRATJEW

Woher die vielen Bücher? 20 Seiten zu 15 Titeln gleich 300, vorwiegend ab 2009 3000 Bücher privat in meiner Bibliothek. Alle Fragen wurden mir beantwortet. Ich wurde zum FACHARZT FÜR „HUMOR", soweit ich weiß, weltweit der einzige. Das wäre die 34. Facharztrichtung (es gibt klinische und theoretische). Diese Autoren sind das REGIMENT 3000! Es wurde alles beschrieben, was die Welt im Innersten zusammenhält. Jeder kann ohne Approbation Ernährungsberatung und Gesprächstherapie durchführen. Der 1. Kondratjew war die Erfindung der Dampfmaschine.

Das sind Wellen, welche die Gesellschaft entscheidend voranbringen.

Der 6. Kondratjew hat zum Thema: Wissen, Gesundheit und Umwelt. Weit über das Schulwissen hinaus und Gesundheit in allen Bereichen. Damit wäre die Lösung für alle unsere Probleme zuerst genannt. Graeme Maxtons „Change! Warum wir eine radikale Wende brauchen".

2018
Der ERDRESSOURCENTAG LIEGT MITTEN IM SOMMER.

Es gilt das FOURIERPRINZIP (Speisekammeraufsicht). Ein Kind hatte es verstanden: „In 20 Jahren ist die Erde nicht mehr da!" Berechnung der leistungsstärksten Computer: 2050 bricht alles zusammen! Die Menschheit stirbt in kurzer Zeit aus wie die Dinosaurier! Es herrscht Profitgier und Streben nach materiellem Reichtum (Wohlstand). Indien und China: „Erst wollen wir den Wohlstand wie in Europa, dann kümmern wir uns um die

Umwelt, so um 2060 rum!" Das zweite Problem: Ich sah eine Dokumentation über die USA bei 2 Grad Celsius Erderwärmung. Alle KIPPPUNKTE fielen, die Bevölkerung wurde vernichtet wie die Dinosaurier! Das 2-GRAD-LIMIT ist LETAL, das gilt auch für die übrige Weltbevölkerung! Paris 2015: ERHÖHUNG UM 1,5 GRAD CELSIUS NOCH BEHERRSCHBAR!! Bisher haben wir einen Anstieg der Temperatur um 1,1 Grad Celsius weltweit. A.Guterres (UN) ist verzweifelt: trotz aller Maßnahmen 2050 + 3 Grad!! Das heißt, die finale Klimakatastrophe kommt schon einige Jahre vorher. Problem: ABHOLZUNG DES REGENWALDES IN BRASILIEN. Ich sah eine Dokumentation über den Raubbau dieses Regenwaldes. Der Wald hat einen WERT von 1 BILLION DOLLAR PRO TAG!! Er ist das Zünglein an der Waage für das Weltklima (arid, humid). Präsident Bolsonaro: Soja für China, Rindfleisch, Tropenholz. Er will die Bodenschätze und dadurch Wohlstand für alle. 133 Anführer der Indios bereits durch die Holzmafia getötet.

ABHOLZUNG GEHT WEITER – 2030 ENDE – 16 KIPPPUNKTE!! Prof. Harald Lesch: „Aus für die Menschheit!" Dann werdet ihr merken, in welcher Scheiße ihr sitzt, weltweit, keiner kann mehr was machen – Menschheitsuntergang. Dr. Eckart von Hirschhausen: „Der Drops ist dann gelutscht!"

Spirituelles Wissen: „17." UNIVERSELLES GESETZ. MATHEMATIK GOTTES: Wir können ihm bei der Arbeit zusehen. 8–4, BOLZO, bietet ihm 100 Mrd. Euro für 10 Jahre Regenwald. Stoppt Kauf von Tropenholz, Rindfleisch, Soja für die Säue! KARMA UND REINKARNATION = spirituelles Grundgesetz. Todesstern von Milliarden Seelen – keine Reinkarnation mehr möglich! Menschliche Entwicklung vom animalischen ins materielle Leben, GESELLSCHAFTSFORMATIONEN; Sklaven, Adel, Kapitalisten. Der Kondratjew bewirkt einen Sprung auf die nächste Stufe. PARADIGMENWECHSEL zum PRIMAT DES GEISTES!!! Weg vom materiellen Reichtum zum sozialen, mentalen, psychischen … F-SPRUNG: FORTE, EVOLUTIONSSPRUNG!!! Jeder einzelne Mensch wird zum globalen Denker, Gott als Lenker annehmen. WIRTSCHAFT: GROSSE

TRANSFORMATION, nachhaltig (alles kann recycelt werden), ökologisch, sozial, gerecht, Es muss jetzt losgehen, Zeit bis 2030! PRIMAT DES GEISTES geht ÜBER das Grundgesetz des Kapitalismus: STREBEN NACH MAXIMALPROFIT!! Gemeinnutz geht vor Eigennutz ist die neue Devise. Der Monopolkapitalismus in dieser Form hat ausgedient: Er ist stinkend, faulend, parasitär und sterbend! Es war ein Fehler der Politik der letzten Jahrzehnte: Das Kapital wurde viel weniger besteuert als die Arbeit.

Legt den Aktionären das Handwerk an der Börse: Finanztransaktionssteuer! Große Konzerne haben über Jahrzehnte gar keine Steuern gezahlt. MEHRWERTGESETZ – Arbeit erbringt mehr Wert, als sie selber kostet – unentgeltliche Aneignung durch den Kapitalisten (Investitionen). Der Kunde ist König, es geht nach Angebot und Nachfrage. Doch die Politiker richten sich nach den Lobbyisten ... Es gibt jetzt 3.000 Milliardäre weltweit (durch Corona 800 mehr). Im Römischen Reich wurde alle 50 Jahre ein Jubeljahr ausgerufen: Die Schulden wurden aufgehoben, die Sklaven wurden freigelassen. Heute haben wenige im Hintergrund das Sagen über 80 Billionen Dollar!! Wir wollen hier kein Feindbild aufbauen ... Diese Geldsumme wird für Umwelttechnologie und den Umbau gebraucht. Zurzeit findet eine Wertschöpfung durch Schulden statt. Geld wird gedruckt, Giralgeld elektronisch gespeichert. Diese Blase wird zum weltweiten Finanzcrash führen (koordiniert?). GLOBALER UMBRUCH DES FINANZSYSTEMS steht an.

Nachhaltige Landwirtschaft wird gebraucht: Weniger Fleisch und Milchprodukte – Fleisch wird bald in vitro hergestellt! Jetzige Düngungsmethode bringt tote Böden hervor, Zukunft: Permakultur! PLANET-HEALTH-DIET, das essen, was der Planet langfristig bringt. RAUMENERGIETECHNOLOGIE (RET) ist der GAME CHANGER!!! Nach den Anfangsinvestitionen ist Strom sehr preiswert – ELDORADO!!! Alle Weltreligionen kommen unter einen Hut. SOFORT ZEIT FÜR F-SPRUNG, JETZT JEDER EINZELNE. Klopft BOLZO auf die Finger!

Wir wollen eine soziale Marktwirtschaft ohne eklatante Reichtumsunterschiede. Der F-Sprung muss im Prinzip auch ohne RET funktionieren. „Ich bin Querdenker, ich mache bei der ganzen Sache nicht mit." „Lies noch einmal, auch Förderschüler verstehen es oder bist du für den Todesstern? Wir brennen dir die 84 in die Aura und auf die Stirn!" „Sei doch dabei, es ist 5 Minuten nach 12 Uhr!" Das ist der PLAN OF PLANET, das „PROJECT BLUE MARBLE" – „Projekt Blaue Murmel".

Philosoph Hegel: Heben auf Stufe „PRIMAT DES GEISTES", alles aufheben, was brauchbar ist. Resümee: Jeder einzelne Mensch vollzieht bewusst den F-Sprung! Vor uns liegen 8 Jahre harte Arbeit, dann beginnt der Weg ins Eldorado! Was kostet das Projekt „Blue Marble"? Herzen und Hirne von 8 Milliarden Menschen! Für einen Schuldenerlass der armen Länder, gegen die Abschöpfung. Aus meiner Kondratjew-Bibliothek möchte ich folgendes Buch hervorheben: Dr. Norbert Härings „Endspiel des Kapitalismus – Wie die Konzerne die Macht übernahmen und wie wir sie zurückholen". 2021 Schluss mit der Massentierhaltung, das ganze Futter kommt aus dem Ausland! „BLUE MARBLE": DIE MENSCHEN MÜSSEN ES WOLLEN. Die Deutschen leben, als hätten wir 3 Erden, weltweit 1,75 Erden. EARTH for alle – Beseitigung der extremen Ungleichheit! Knapp 85 Personen besitzen so viel wie die Hälfte der Menschheit. Eine Linsensuppe und Fladenbrote sichern die Grundernährung ab. GLEICHBERECHTIGUNG DER FRAUEN!! Es ist eine Herkulesaufgabe, den Geist des Herrn in alle Köpfe zu leiten. Das ist Strategie und Taktik des Plan of Planet! Brisant-TV: Mojib Latif: CO_2 – BRD 40 % runter, Welt 60 % rauf ... Weltweit 380 Mrd. Dollar jährlich für Kohlesubventionen!! USA – 6.000 Patente „staatsgefährdend", warum wohl? „Fossile." Summe: weg vom „Todesstern" – Bolzo! Hin zum „Eldorado"! F-Sprung RET ist der Game Changer.

Vom materiellen Egoismus zum spirituell-global denkenden Homo Sapiens.

RELIGION

In den Naturwissenschaften gilt das Experiment als beweiskräftig.

Folgender Versuch: Eine Person wird in Hypnose versetzt mit der Aufgabe: Steige aus deinem Körper aus, gehe in den Nebenraum und siehe, was sich dort befindet (Maler, Judoka, Geiger). Kehre zurück in deinen Körper und berichte nach dem Aufwachen! Genau so funktioniert es auf der ganzen Welt – der Proband (Testperson) hatte seine Aufgabe erfüllt! In Hypnose kann man auch sogenannte Rückführungen erleben! Man geht in die Vergangenheit bis zum Geburtsgeschehen und dann bis ins vorherige Leben und darüber hinaus! Das bedeutet: Jeder Mensch hat einen feinstofflichen Kern (Seele), welcher alles abspeichert und nach dem Tod in das „Jenseits" gelangt! Dieser „Platz" ist heutzutage besser erforscht als die Tiefsee. Deutschlands bekanntester Sterbeforscher, Bernard Jakoby, hat 5 Bücher über Nahtoderlebnisse und den Übergang in den „Himmel" geschrieben. Wir wissen auch, dass es drüben keinen Sex gibt (Seele ist geschlechtslos) und es gibt auch keine Speisen. Islamischen Märtyrern werden nach dem Übergang etwa 72 Huris (Jungfrauen) versprochen. Bitte, wenn sie das glauben! Dr. Eben Alexander und Don Piper waren klinisch tot, hatten sich „drüben" alles angeschaut und kehrten zurück in ihre Körper. Das prominenteste Beispiel für Wiedergeburt ist der Dalai Lama, sein Name bedeutet „Ozean des Wissens"! Seine Seele gelangte bereits 13 Mal in einen menschlichen Körper. Er kann noch zu Lebzeiten vorhersagen, wo und wann er ungefähr wiedergeboren wird und gefunden werden kann. Er ist nicht mehr politischer Führer der Tibeter, weil diese jetzt ein demokratisches Parlament haben (Exilregierung). Auch überlässt er es seinen Mitstreitern, ob er nochmal als Dalai Lama auf die Erde kommen soll. Außerdem hat er für Frauen ein Studium des tibetischen Buddhismus initiiert, es dauert 17 Jahre. Wir haben die Mathematik Gottes: Er zeigt sich besonders in „dynamischen" Zahlen (17, 34, 51, 84, auch 48, 96, 69). Der Herr ist aber mindestens eine Dimension höher, weil er überall gleichzeitig wirkt (Heiliger Geist) und die Gedanken der Menschen kennt. Jeder ist mit ihm verbunden – er hat alle auf dem Schirm! Wir haben aber kein Sinnesorgan für diese immense Intelligenz! Oder glauben Sie etwa wirklich, dass er nicht weiß, ob ein gezeugtes Kind abgetrieben werden soll oder nicht und daher die Seele inkarnieren oder nicht inkarnieren lässt? Außerdem ist alles, was wir bisher erforscht haben auf der Welt, nur 4 % des Universums, alles andere ist dunkle Materie/Energie!

Auf der Erde herrscht Glaubensfreiheit! Wenn Sie glauben „Eine Kuh scheißt in meinen Hauseingang – das bringt Glück!", dann tun Sie das. 300 Millionen Frauen wurde die Klitoris beschnitten (entspricht dem Abschneiden der Eichel vom Penis eines Mannes), in dem Glauben, sie seien nun „erwachsen"! 8–4, doch Wissen geht darüber, 6. Kondratjew.

Der Islam – eine tolle Religion/Allahu akbar – Gott ist der Allergrößte/war Brücke vom Morgen- zum Abendland/der Mann kann bis zu 4 Frauen haben, diese brauchen nicht zu arbeiten, müssen nicht in die Schule, können sich um die Kinder kümmern/Kismet = Schicksalsglaube/Konvertieren und Prophetenlästerung: Todesstrafe/täglich 5 Mal gen Mekka verbeugen/Frau: Blick in die Augen eines Mannes = Aufforderung zum Sex/Badeburka, Frauen dürfen kein Auto fahren/Dschihad/Fatwah/Weltkalifat Koran – Erzengel Gabriel – Mohammed, Koranschulen in Pakistan (durch Iran finanziert), Kost und Logis frei, 6.000 Afghanen/Scharia: Eine Frau wurde ausgepeitscht, sie hatte mit einem Mann telefoniert/Fremdgehen der Frau – Steinigung, jungfräulich in die Ehe, Langschleier/kein Alkohol, Kopftuch/kein Schweinefleisch/Schiiten – Sunniten. Dies alles kann geglaubt und in der Tradition gelebt werden!

Was fehlt dem Islam? Ein Mahdi (erwarteter Erlöser der Mohammedaner)! Wen nehmen wir denn da? Jesus, der Sohn Gottes (Allahs) bietet sich da als Einziger an!!

Jesus ist sowieso für die gesamte Erde verantwortlich.

„Tötet die Ungläubigen!" fällt nun weg, da es keine Ungläubigen auf der Welt mehr gibt! (Primat des Geistes.) Jesus ist jetzt schon allgegenwärtig und nicht der Teufel, wie die Bibel behauptet. Eine Gestalt mit so großer, negativer Machtfülle gibt es nicht! Das Böse kommt durch verdorbene Menschen. Eine Wiederkunft des Messias mit Auferstehung der Toten wird es wohl eher nicht geben! „Wer an mich glaubet, über den werden die Wasser des Lebens in Strömen fließen!" (Heiliger Geist – Gottes wirkende Kraft). Ich empfehle jedem, zumindest das Neue Testament der Bibel zu lesen! In der asiatischen Religion herrscht der Kreislaufgedanke: Buddhismus (erleuchtet sein), Hinduismus (veraltetes Kastenwesen), trotzdem steht auch dort Gott „Jahwe" über allem, Glauben – Wissen!

Ein Wort zu Kommunisten und Materialisten: Der Tod ist ihnen ein Tabu, weil sie denken: „Nun ist das Leben zu Ende und alles aus!" In China mussten Staatsdiener einst die Schriften von Konfuzius auswendig lernen – die dreitägige Prüfung wurde nackt abgelegt!! Jetzt hat man einen Überwachungsstaat mit Gesichtserkennung und Handyortung. „Ein einfacher Zweig ist dem Vogel lieber als ein goldener Käfig!" Jesus kennt die Gedanken jedes Chinesen, das kannst du „Chi-Chi" niemals nachbauen. Lasst Jesus euer Diener sein, er wird euch die Füße küssen! Neulich weckte mich Gott nachts und sagte zu mir: „Mach das Radio an!" Ein Lied von Heinz-Rudolf Kunze: „Es ist Zeit für ein riesiges Erwachen und ein Silberstreif will uns Hoffnung machen!"

RAUMENERGIETECHNOLOGIE (RET)

Bitte lesen Sie noch einmal die beiden ersten Seiten der Literaturliste! Mein 1. Buch zu diesem Thema: Andreas von Retýi, „Energie ohne Ende", 2013. Dann Claus W. Turtur, 2014, „Freie Energie für alle Menschen, Raumenergiemotor: Nachweis und Bauanleitung" – ich war begeistert!! Raumenergie existiert. Und wir können sie nutzen. Hier ist der Beweis! Energie, die unerschöpflich und überall verfügbar ist, nichts kostet, Strom erzeugt, Umwelt und Gesundheit nicht belastet. Kann es so etwas geben? Die Schulwissenschaft sagt: „Nein!" Energiekonzerne und das Establishment ebenso. Claus W. Turtur dagegen behauptet: Unerschöpfliche Energie, die all diese Vorteile bietet, existiert sehr wohl. Und wir können sie nutzen. Denn die Raumenergie ermöglicht uns, Generatoren zu bauen, die die Versorgungsprobleme der Menschheit ein für alle Mal lösen. Bislang verbrennen wir Tonnen von Kohle und Benzin, um die Energie einer einzigen Megawattstunde freizusetzen. Dabei enthält ein Liter des bloßen Raumes 27.811.799 Milliarden Megawattstunden. Eine einmalige Investition von 2.000 Euro in diese Quelle – und Ihre Strom- und Heizkosten, wie auch Ihre Benzinrechnung hätten sich für die nächsten 20 bis 30 Jahre erledigt! Prof. Turturs Lieblingsbuch: „Urkraft aus dem Universum und Nikola Teslas Pierce Arrow 8", Adolf und Inge Schneider, Klaus Jebens, Januar 2022, Jupiter-Verlag.

Der größte Moment im Leben des 2014 verstorbenen Mitautors Klaus Jebens war, als er 2001 in alten Akten seines Vaters Heinrich eine streng vertrauliche Aktennotiz vom 9. Dezember 1930 über dessen Fahrt mit dem legendären Pierce Arrow 8 mit Raumenergieantrieb von Nikola Tesla entdeckte. Jebens fand es an der Zeit, diese Notiz wegen der sich verschärfenden Energiekrise zu veröffentlichen. Das war der Anfang seines Engagements für die Raumenergie. Er gründete ein Institut und investierte sein Vermögen in den Bau eines Raumenergie-Gerätes. Viele traten in seine Fußstapfen. Adolf Schneider schrieb 2017 im Auftrag der Deutschen Vereinigung für Raumenergie eine Broschüre über den Arrow 8. Im Buchteil „Reale Freie-Energie-Systeme und Perspektiven" wird über fertig entwickelte Geräte berichtet.

Der Wassermotor … zum Selbernachbauen für Motorräder und Autos! Adolf und Inge Schneider, José Vaesken Guillen, 2018. Aus diesem Buch übernahm ich folgende Passagen: Wasser als neue Energiequelle nach Prof. P. Kanarev. Der Vortrag von Prof. Phillip M. Kanarev beim Wasserstoffkongress des Jupiter-Verlags von 2001 in Weinfelden war einer der Höhepunkte dieser Veranstaltung. Damals zeigte Prof. Kanarev bereits anhand seines theoretischen Modells und praktischer Labor-Versuche im Video, dass eine Elektrolyse von Wasser möglich ist, die nur etwa ein 1/10 des Energieaufwandes benötigt, der bei klassischen Elektrolysen üblich ist. Er konnte beweisen, dass der Energieaufwand zur Wasserstoffgewinnung beim neu entwickelten plasma-elektrolytischen Generator 10 bis 15 Mal geringer ist. Mit anderen Worten: Kanarevs Reaktoren verfügen über eine Effizienz von 1.000 % bis 1.500 %. Obwohl Prof. Kanarev experimentell die Funktion seines 3 kW- und 6 kW-Plasmareaktors beweisen konnte, wird seine Arbeit wissenschaftlich bis heute nicht anerkannt, weil es dafür keine Theorie gibt. Das geht so lange, bis die Welt die neuen Energiequellen dringend benötigt und sie anerkennt. In naher Zukunft werden ökologisch reine Energiequellen für die Menschheit verfügbar.

Nicholas Mollers atomarer Wasserstoffgenerator MAHG … Lösungen seien jedoch nicht vom Establishment, sondern von den Idealisten zu erwarten, denen der Zustand des Planeten ein Anliegen sei. Betrachte man zum Beispiel die konventionelle Art der Wasserstofferzeugung (z. B. für Brennstoffzellenautos), falle auf, dass dazu 4 Mal mehr Energie aufgewendet werden müsse, als der Output betrage. Mit dieser Technologie werde man also 100 weitere Kernkraftwerke benötigen, um die Energie zur Erzeugung von Wasserstoff zu liefern – ein Verhältnisblödsinn. Wenn man außerdem Wasserstoff aus Naturgas herstelle und diese in einer Brennstoffzelle verbrenne, werden der Atmosphäre Sauerstoff entzogen, es gebe Lösungen, wie die 80 % effiziente Splitting-Methode oder die Cold-Fusion-Methode des Japaners Mizuno, bei der 8 Mal mehr Wasserstoff als bei üblichen Elektrolyse-Verfahren erzeugt werden könne.

Der Kern der Erfindung bezieht sich auf eine Teil-Elektrolyse von Wasser durch elektrische Energie mit Bildung von atomarem Wasserstoff unter hohen Temperaturen, der sich jedoch innerhalb kurzer Zeit wieder zum bekannten Wasserstoffmolekül rekombiniert. Dabei komme es zu einer großen Wärmefreisetzung, die prinzipiell genutzt werden könne, um wiederum die Energie der Elektrolyse zur Verfügung zu stellen. Somit ließe sich ein autonomer Kreislauf realisieren. Die Effekte zur Nutzung der Wasserstoffbindungsenergie führte Erfinder Nicholas Moller auf den Einsatz gepulster Gleichströme zurück.

MAHG-Forscher sprachen in dem Zusammenhang teilweise auch von kalter Fusion der vorliegenden Wasserstoffatome zum H2-Wasserstoffmolekül. Sowohl Prof. Kanarev wie Irving Langmuir wie Nicholas Moller glauben, dass mit der Erfindung ein COP von 2001 erzielt werden könnte. Dieser Erfolgskurs ließ sich allerdings nicht fortsetzen, die UNO versagte ihre Zusammenarbeit.

Nanopuls-Elektrolyse aus Indien – 31 Mal effektiver in der Gasausbeute:
Jede Elektrolysezelle erreicht bei Erhöhung des Stromes irgendwann den Maximalwert, den die Zelle an Gas erzeugen kann. Dieser Maximalwert der Gasmenge, welche die Wissenschaftler in ihren Versuchsreihen erzeugen konnten, betrug 0,58 ml/s. Um diese Gasmenge zu erzeugen, wurden bei Gleichstrom 18 Watt benötigt. Bei Verwendung ihrer Pulsschaltung waren es dagegen lediglich 0,57 Watt. Die entspricht einer Energieeinsparung von 96,8 % im Vergleich zur herkömmlichen Elektrolyse mit Gleichstrom. Aktuell bekannt wurde diese Erfindung erst im Jahre 2018. Zu dem Zeitpunkt erhielten die Autoren Informationen von mehreren Seiten. Es hieß, den Wissenschaftlern

sei es experimentell gelungen, nachzuweisen, dass Wasser mit der Nanopuls-Elektrolyse wesentlich effektiver in seine gasförmigen Bestandteile zerlegt werden könne als mit der konventionellen Gleichstrom-Elektrolyse. Danach stellt sich die Frage: Brauchen zukünftige Autos überhaupt noch einen Energiespeicher? Wenn es nach indischen Forschern geht, dann eigentlich nicht! Es könnte sein, dass es Vakuumenergie aus der Raumzeit ist, die in reale Energie umgewandelt wird. Fazit: Die Nanopuls-Elektrolyse ist 31,58 Mal effektiver als die Gleichstromelektrolyse. Mit ihr wird nur so viel Gas erzeugt, wie gerade für den Antrieb eines Fahrzeugs gebraucht wird. Ein solches Auto fährt quasi mit Wasser!

Was ist Aqua-Flex?

Es ist eine Mischung aus Alkohol und Wasser, welche verschiedene Mischungsgrade aufweisen kann, abhängig von der Art des Motors und dem Brennraum. Der maximale Anteil von Wasser beträgt 80 %. Die restlichen 20 % sind Alkohol. Mit dieser Mischung funktioniert der Motor wie beim reinen Benzinbetrieb und erreicht gleiche Leistungswerte. Bei einem Motor mit zum Beispiel acht Ventilen und einer Treibstoffmischung von 30 % Alkohol und 70 % Wasser läuft der Motor wie gewohnt, ohne dass es irgendwelche Temperatur- und Startprobleme gibt (José Vaesken Guillen).

Auf dem Weg in das Raumenergiezeitalter, Adolf und Inge Schneider, 2020.

Aus diesem Buch entnahm ich folgende Passagen: Mit seinen Vorträgen und dem wunderbaren Standardwerk „Raumenergie- Technik – weltweit der vorteilhafteste Weg zur Nachhaltigkeit der Energieversorgung" trug Prof. (em.) Dr. Dr. Dr. h. c. Josef Gruber entscheidend zur Raumenergiebewegung bei. Er erwähnte dort u. a. den Wagen der A-Klasse von Daimler-Chrysler mit methanolbetriebener Brennstoffzelle von Ballard, genannt NECAR 5, der damals eine Rekordfahrt von San Francisco nach Washington D.C. (5.250 km) zurückgelegt hatte. Und

Prof. Yull Browns hocheffiziente Elektrolysezelle (Brown's Gas), in der Wasser mit Strom aus der Steckdose in eine Mischung aus Wasserstoff und Sauerstoff zerlegt wurde. Zitat: „Es muss m. E. möglich sein, bald Elektroautos wie z. B. NECAR mit Wasserstoff als Kraftstoff zu betreiben, der nach Yull Browns Verfahren im Elektroauto nach Bedarf erzeugt wird. Das wäre zumindest auf dem Transportsektor ein ‚Quantensprung' in Richtung Nachhaltigkeit." Die Frage stellt sich, wie Europa in der Raumenergietechnik dastehe, in einem Europa, „in dem sich Wissenschaftler, Politiker und Wirtschaftsleute primär um Machterhaltung und weniger um echte Lösungen bemühen".

Nachdem er selber am 2. Juli 1993 in der Autobahnraststätte Kassel ein Demogerät gesehen hatte, das zwar nicht autark, aber in einer Art funktionierte, wie es nach den physikalischen Lehrsätzen nicht hätte laufen dürfen, beschloss er, sich der Raumenergietechnik zu widmen, weil er darin nicht nur „die größte technische Revolution in der Technik", sondern auch d i e Umweltlösung schlechthin erkannte.

Das sei weniger eine technische als eine politische Herausforderung. Vom Motionless Electromagnetic Generator MEG von Tom Bearden über die Patterson-Zelle bis hin zum Casimir-Effekt würden viele Effekte und Geräte zeigen, dass es die Raumenergie gibt und dass sie anwendbar ist.

Zitat: „Heute stellt sich nicht mehr die Frage, ob die Raumenergie genutzt werden kann, sondern ob die Öffentlichkeit dazu bereit ist." Er erläuterte, dass Politik und Wirtschaft große Verhinderer solcher Technologien seien. Die Informationen über Raumenergiegeräte für sein Buch sammelte er auf internationalen Konferenzen, auch in den USA und Russland und in Europa. Nach Erscheinen des Buches verschickte er auf eigene Rechnung 300 Exemplare an Minister, Wirtschaftsfachleute und Politiker im deutschsprachigen Europa.

Vom Büro der Bundeskanzlerin Angela Merkel kam wenigstens ein dankender Anruf, aber von den meisten anderen erfolgte keine Reaktion. Der Referent meinte: „Zumindest kann keiner sagen, er habe es nicht gewusst!" Mit Raumenergie sei die dezentrale Energieversorgung möglich, Überlandleitungen und Trafostationen könnten abgebaut werden. Es gehe also darum, dass die Wissenschaft die Raumenergie als Primärenergiequelle anerkennt. Zur gleichgültigen Öffentlichkeit würden alle jene gehören, die nichts tun. Deshalb wandte er sich am Schluss mit einem Aufruf an die Teilnehmer: „Macht mit, helft mit beim Aufbau des Raumenergie-Zeitalters!"

Der Quantum Energy Generator QEG:
Im Jahr 2014 wurde ein aus den USA kommendes Open-Source-Projekt, der Quantum Energy Generator QEG, von Hope Moore, die dann unter dem Namen „Hope Girl" bekannt wurde, und ihrem Stiefvater James Robitaille lanciert. Sie gründeten dafür die Gruppe „Fix the World". Es handle sich um eine selbstlaufende Energiemaschine, die von jedermann nachgebaut werden könne. Sie wolle mit dem QEG „Hoffnung in die Welt" bringen.
Sie sei ein Alltagsmensch, ausgebildet als Finanzanalystin, aber motiviert, an der Neuorganisation und Umverteilung der Güter auf dieser Welt mitzuwirken. Das Thema Energie schien ihr dafür äußerst wichtig.
Die Nachricht über die Existenz einer solchen Energiemaschine schlug wie eine Bombe ein: ein Freie-Energie-Projekt, für jeden nachbaubar! Ein Friedensprojekt, welches die Menschen zusammenführen sollte, ein Resonanzprojekt. „...Es wurde mir klar, dass dies meine Aufgabe auf Erden ist, zu der ich geboren wurde."
Der QEG sei eine Adaptation eines von Nikola Tesla am 2. Oktober 1888 patentierten elektrischen Generator-Dynamo-Designs. Tatsächlich wurden die ersten QEG-Prototypen bereits 2008 von Timothy Thrapp gebaut. Im März 2009 zeigte er einen selbstlaufenden Motor-Generator. Das Design ist für einen 40-kW-Motor angelegt, doch demonstriert wurde er mit einer Last von 15 kW. Allerdings ist darauf hinzuweisen, dass Timothy Thrapp den QEG nach Patenten von Nikola Tesla und John W. Ecklin gebaut hat, die immer schon offengelegt – also

Open-Source – waren und sind. Wie auch immer, Timothy Thrapp hat bewiesen, dass der QEG an sich funktioniert. Deshalb fanden es die Autoren auch wichtig, die Informationen über den QEG, die Pläne und weitergehende Entwicklungen in ihrem Buch „Der Quantum Energy Generator" zu publizieren. Das Gebiet ist für Forscher, Nutzer und Experimentatoren hoch interessant und noch längst nicht ausgelotet ...

Neutrinovoltaik – die Energie aus dem Kosmos:
Holger Thorsten Schubart, CEO der Neutrino Energy Group, man könnte ihn auch als „Mister Neutrino" bezeichnen! Das Treffen mit den Autoren fand am 26. Juni 2015 statt. Damals zeigte er ihnen auf dem Handy in einem kleinen Film eine Polymerfolie auf einer Aluminiumschicht, die in der Lage war, ohne Lichteinwirkung Strom zu erzeugen. Er war davon überzeugt, dass die Neutrinos „die Energie der Zukunft" seien. 380.000 Jahre nach der Entstehung des Universums, so haben Astrophysiker berechnet, befanden sich im Kosmos noch 15 % Photonen, also Lichtpartikel, und 10 % Neutrinos. Das sind die Teilchen der sogenannten schwachen Wechselwirkung. Anders ausgedrückt kann man sagen, dass ein Neutrino 500.000 Mal weniger wiegt als ein Elektron. Dabei ist darauf hinzuweisen, dass Neutrinos nicht in irgendeiner Weise „eingefangen" werden oder deren Masse nach der Einsteinformel in Energie transformiert wird. Vielmehr geht es darum, kinetische Energie einzelner Neutrinos auf die Atome in den sehr dichten Graphenschichten über Resonanzkopplung zu übertragen. Dabei werden die eng gepackten Stoffstrukturen des Graphen zu vertikalen Schwingungen angeregt, die ihrerseits in der Siliziumschicht horizontale Bewegungen erzeugen. Über elektrische Kontakte an einander gegenüberliegenden Kanten wird dann der elektrische Strom ausgekoppelt. Diese Technologie wird Neutrinovoltaik genannt. Erfahrungen haben gezeigt, dass beispielsweise in einem „Pilotenkoffer" genügend Folien passen würden, um ein Kleinstkraftwerk mit einer Leistung von 4,5 bis 5,5 kW herzustellen.

Da der Neutrino-Strom ständig und überall vorhanden ist, produziert ein solches Kleinstkraftwerk auch ständig Strom. Dies könnte beispielsweise in einem fahrenden Elektroauto geschehen. Somit müsste nur noch eine kleine Batterie für den Bedarf bei Leistungsspitzen, z. B. bei Extremsituationen (Bergauffahren und Beschleunigen), in das Auto eingebaut werden. Ladesäulen für die E-Autos würden damit überflüssig.

Mit der Neutrino-Technologie würden E-Autos wesentlich billiger sein, weil die teuren Batterien durch kleinere, billigere Versionen ersetzt werden können.

Gleichzeitig würde sich die Reichweite der Autos dramatisch erhöhen, da sie ihren Energiebedarf ja weitgehend ständig selber bereitstellen. Dies kann dadurch geschehen, dass die gesamte Oberfläche eines E-Autos so beschichtet wird, dass Neutrinos über Resonanzprozesse Elektronen zur Stromabgabe veranlassen.

Die Neutrinovoltaik – auch für stationäre Anwendungen jeglicher Art. Die Aussichten für den Einsatz dieser immensen Energiequelle zur Elektrizitätserzeugungs sind gut und so umfassend wie die Energie selber. Nachdem Ende August 2020 auch noch das Buch „Das ewige Licht – der Beginn eines neuen Zeitalters" von Prof. Günther Krause über die Neutrinotechnologie erschienen ist, teilte Holger Thorsten Schubart den Autoren begeistert mit: „Es geht los!"

Man darf gespannt sein und mitfiebern ...

Der Letsini-Generator:
Das Besondere an Letsinis Aufbau war, dass der Rotor Elektromagnete trägt, die beim Vorbeilaufen an einem entsprechenden Elektromagneten des Stators bei einer Drehzahl von 1.500 U/min einen Wechselstrom von 50 Hz induzieren. Das System sollte von Hand gestartet werden und nach den ersten 5 Umdrehungen autonom weiterlaufen. Der Rotor, der von einem Elektromotor angetrieben werden sollte, wirkte über einen Transmissionsriemen auf eine Lichtmaschine, welche die Energie für den Motorantrieb und zur gepulsten Energetisierung der

Rotor-Elektromagnete liefern sollte. Eine Batteriepufferung sei nicht erforderlich, so der Erfinder. Laut Datenblatt nimmt das System eine Leistung von 100 Watt auf, kann jedoch am Ausgang rund 1,5 kW abgeben.

Der Erfinder informierte die Autoren, dass er in Kamerun einen funktionsfähigen Prototypen habe. Er suche Investoren, die sich um die weltweite Patentierung kümmern und Produktionslizenzen erwerben möchten.

Was das Letsini-Gerät anbelangt, so bildete sich im August 2020 ein Team aus mehreren Fachleuten, welche dieses autonome 3-kW-System definitiv zu einer autonomen Betriebsweise bringen wollen. Die Chancen stehen gut!

Bulltechnik –Autonome Energieerzeugung mit Jupiter – Generator:
Auf dem Gebiet der neuen Energietechnologien resp. der freien Energie ist Rolf Kranen, Erfinder der Bulltechnik und Besitzer der Firma Fixtron, eine Ausnahmeerscheinung, und dies nicht nur technisch gesehen! Rolf Kranen sagt, sein größtes Anliegen sei, Alternativen für Atomkraftwerke und andere Technologien zu bauen und zur Verfügung zu stellen, die der Erde Rohstoffe entziehen. Er widme diesem Ziel sein Leben. Die Präsentation bei der Energiemesse in Essen war mit regem Publikumszuspruch ein großer Erfolg. Der regionale TV-Sender brachte ein Interview mit Rolf Kranen, in welchem dieser unter anderem sagte: „Es ist eine neue Art der Energiegewinnung. Wir erzeugen in einer Zentrifuge einen neuen Energieprozess – ein physikalisches Phänomen. Wir wollen es bei der Bulltechnik-Forschung weiter verfeinern. Die Funktion können wir an der Testanlage zeigen. Dieses Phänomen setzt einen Strömungsprozess in Gang, der bei einer konstanten Drehzahl endlos Energie produziert. Das Phänomen ist, der Prozess im Innern der Anlage läuft weiter, ohne die Anlage abzubremsen.

Mit einer Zentrifuge kann man 65 kW freisetzen. Diese Anlagen können über Jahrzehnte endlosen Strom produzieren. In einem Intervall von 10 oder 20 Jahren müssen die Düsen

ausgewechselt werden, ähnlich wie bei einem Auto die Zünd-
kerzen ersetzt werden müssen. Sonst sind solche Anlagen war-
tungsfrei.

Diese Zentrifugen können auch unterirdisch Strom produzieren. Die Anlagen sind zylinderförmige Rotoren, die mit
180 U/min laufen. Sie benötigen je nach Höhe lediglich 50 bis
80 W zur Aufrechterhaltung der Drehzahl. Es bildet sich oben
ein Kaltwettersystem von kalten Gasen und unten entsteht ein
Fluidsystem aus Flüssiggas. So fließt die Wärme immer in die
Kälte. Zwischen dieser Schicht befinden sich Plättchen, sogenannte Seebeck- oder Thermogeneratoren. Indem Wärme hin-
durchfließt, wird elektrische Energie freigesetzt. Pro Schicht
zwischen kalt und warm können wir in einer zukünftigen Anlage auf 2,5 mal 2,5 m mit 1.200 Peltierelementen Strom produzieren. Der Wärmefluss, der in der Anlage entsteht, wird direkt in einen Energiefluss umgesetzt. Oben befindet sich das
Pluskabel, unten das Minuskabel. Auch während der Prozess
im Innern arbeitet und permanent Energie freisetzt, bremst
die Drehbewegung nicht ab."

Auf die Frage des TV-Journalisten, wann die ersten Systeme
ans Netz gehen, antwortete Rolf Kranen: „Die Prozesse funktionieren bereits in unseren Prototypen. Wir müssen jetzt lediglich eine genaue Abstimmung in den Anlagen finden, so dass
wir optimale Stromwerte bei der optimalen Baugröße der Anlagen herausbekommen. Unser Planungsziel ist es, Anfang 2022
die ersten Seriengeräte fertig zu haben. Gleichzeitig versuchen
wir mit unseren Vertriebspartnern in verschiedenen Ländern
Industrieanlagen aufzukaufen, so dass in jedem Land regionale
Industriebetriebe die Geräte in Serie fertigen können. Dadurch
können wir schnell und effektiv Strom ohne CO_2 und radioak-
tive Schadstoffe bereitstellen. Das ist unser Ziel!"

„Ja, den zweiten Hauptsatz der Thermodynamik muss man
erweitern. Im ruhenden System stimmt er, nur im rotierenden
System ist das anders. Ein Kreisel wiegt z. B. 100 g im Ruhezu-
stand. Dreht er sich mit 5.000 U/min, dann wiegt er nach außen
immer noch 100 g, im inneren Bereich aber stellenweise 1.000 kg."

„Ich glaube jedenfalls nicht, dass Fusionsreaktoren unsere Zukunft sind – ich produziere gerade mal 80 Grad bei 25 bar."

Nach Prof. Josef Grubers Einschätzung wird die Einführung der Raumenergietechnologien insgesamt „zu einem dauerhaften Wirtschafts- und Umweltwunder" führen.
Grund zum Jubeln!
Ende der Zitate.

Das war bisher nur die leichte Reiterei. Es gibt wesentlich mehr Möglichkeiten!!
Legt Ihr den F-Sprung hin, werdet ihr Strom in Fülle haben!!
RET darf natürlich nicht in falsche Hände geraten (Bereicherung).
In den USA sind 6.000 Patente blockiert („Fossile Gegner"). Es gibt auch schlechte Verlierer (plutokratischer Neofeudalismus).
Was war zuerst da, die Henne oder das Ei?

Energiequellen außerhalb des Schulwissens werden der Bevölkerung versagt. Neueste Anlagen scheiden CO_2 aus der Luft aus. Eine Tonne CO_2 = 60 Euro, später bis 20 Euro (Herausfiltern). Mit genügend H2 und Strom: Synthesegas für Gasheizungen, auch E-Fuels sind möglich. (In Deutschland gibt es 48,7 Millionen Verbrenner = Rückgrat der Wirtschaft.) Kohleverstromung jährlich weltweit 380 Mrd. Euro Subventionen (dazu käme noch CO_2-Steuer), teuerste und schädlichste Energie! RET muss dezentral durchgebaut werden (Wabentechnik). Netzbetreiber fordern 5 % Rendite (Aus für „Südlink Thüringen"). Windräder liefern 100 Tage im Jahr nur 10 % im Inland. Minister Altmeier wollte Dtl. für 2 Billionen Euro verspargeln und verkabeln. Dtl. nur 2 % weltweites CO_2 aber Vorbild für die gesamte Erde. Kernfusion ist ein 23-Mrd.-Euro-Grab (für Turtur usw. kein Geld da!). „E-Auto 17 Tonnen CO_2 bei Herstellung" – unakzeptabel (Transformation). Atomkraftwerke = Dinosauriertechnologie (milliardenteure Altlasten).
RET – massenwirksam! Fossile – Aus, aus, aus, das Spiel ist aus!

Deutschland ist Weltmeister!

Fußballweltmeisterschaft 1954, Bern, ab jetzt haben wir „Fritz-Walter-Wetter"! Palmöl ist 4 Mal klimaschädlicher als herkömmlicher Kraftstoff. Kohlekonzern will ein Beneluxland auf eine Trillion Euro verklagen – wir verklagen ihn auf den Wert der Erde (8–4)! Der UN-Plan umfasst 17 Punkte (rechnet nicht mit F-Sprung)! António Guterres, UN-Vorsitzender: „Projekt Blue Marble!" Kampfschrei! Dass den Bolsojanern das Blut in den Adern gerinne! Primat des Geistes!!

CORONA

Vom 20.1.17 bis 20.1.21 war Trump 45. Präsident der USA. Bekannter spanischer Freiheitskämpfer El Cid (der Herr). El Merk – Dtl. El Trump oder Hillary Clinton – Pest oder Cholera? USA wählte beides! El Trump bestellte bei Cambridge analytics ein Programm. Zum Beispiel Waffenbesitzer bekamen E-Mail: „Clinton ist gegen Privatwaffen!" Putin knackte E-Mail-Verkehr Clintons – Teile tauchten ständig im Netz auf. Politik des „America first" bedeutet, Amerika wird zuerst sterben (!). El Trump – ein gerissener Immobilienspekulant! In seiner Amtszeit erzählte er 20.000 Lügen! Klimaleugner („hat sich jemand ausgedacht!"), somit Gotteslästerer! El Trump damit fleischgewordener satanischer Gedanke – Todesstern!! USA: 20 Tonnen CO_2 pro Person und Jahr!!

Wuhan – Corona: Kleintiermarkt oder Labor?

Kam raus: Laborunfall Fledermäuse (amerikanisches Geld und Forscher). In El Trumps Zeit Staatsschulden um 2 Billionen Dollar erhöht! Republikaner konservativ: Es soll alles so bleiben, wie es ist. Bau eines Zaunes an der mexikanischen Grenze. Bolsonaros – Regenwaldabholzer Brasiliens – Axis of (D)evil – El

Trump. Er hat während Corona nicht geführt – entscheidende Stimmverluste!!

Joe Biden nicht perfekt – 7 Millionen Wähler mehr/Wahlmänner, trotzdem. Die Briefwahl war entscheidend und drehte das Blatt! (Ich möchte ab jetzt keinen mehr sehen, der die Alternative für Dumme wählt.) Trump (keine sichere Abtreibung mehr) hat gebärfähige Frauen „beschnitten"! Betrugsanklage gegen Trump (250 Mio. Dollar) – Letitia James, 2022! Joe Man-chi-n aus eigener Kraft vom „Judas" zum großartigen Mann!! Eine zweite Amtszeit von Trump verkraftet unser Planet nicht!! El Trump bekommt Ehrentitel: Mann der Erde = „M.erde". Wie nennt man einen, der die ganze Welt verderben kann? Henker Satans (= Bolsonaro)!!

BRD: 100 Mrd. Euro für Munition – besser wäre für Regenwald! Bolzo: Regenwald Brasiliens gehört den Indios! (TV-Doku.) Eine Billion Dollar Nutzen täglich für die gesamte Menschheit!! Bolzo: Hüte dich vor dem Zorn Gottes und dem Zorn der Menschen! Putin – der skrupellose Scherge von El Trump! Putins Haus- und Vordenker: Alexander Dugin – ein furchtbares Buch! Magnifizenz Usbeck (Erfurt): Ubi pus ibi evacua – „Wo Eiter ist, da eröffne" – Gospodin Pustin, (mein Herr), du wirst bald merken, was Jesus für ein hervorragender Chirurg ist! Du hast Jesus auf die Wange geschlagen – entschuldige dich und danke ab! (Deine letzte Chance.)

60.000 tote ukrainische Soldaten und 5.937 russische – die warten drüben auf dich!! Wenn die A-Bombe fällt – Aus für die Menschen vor 2030!

Putin – bist du die Ursache für den Todesstern? Zünglein an der Waage? Du bist ein hirnloser Barbar, ein Durak (Dummkopf), ein schlechter Verlierer (Bombardierung ukrainischer Kraftwerke)! Es muss doch dem dümmsten Russen dämmern: ein sinnloser Krieg!

Die russischen Oligarchen interessieren sich nicht für die Menschen. Dieser Monopolkapitalismus hat ausgedient!!

„Amerikaner! Begrabt das Kriegsbeil an der Biegung des Flusses!" Dieses Buch soll die Initialzündung für den Evolutionssprung sein!

RET ist in 169 Ländern in der Pipeline. So Gott will und nach Adam Ries (Rechenmeister) wird es funktionieren! (13x13=169, 14x14=196) „Walter, wir wollen Zeichen und Wunder sehen!" Jesus hat Blinde sehend und Lahme gehend gemacht. „Öffnet die Augen – steigt aus euren Autositzen und Fernsehsesseln, lauft, wie ihr noch nie gelaufen seid!"

Al Gore (NPT): „... Bis ein Genie kommt und den Knoten zerschlägt!" Gewinner RET: Die Völker hier und im Jenseits! Greta Thunberg, eine 17-Jährige begründete „Fridays for Future", wandelt euch in: „liFe for Future"! Ob wir es schaffen, ist nicht die Frage, sondern ob wir es überhaupt versuchen!!

Massentierhaltung ist bestialisch – „Planet health diet" muss kommen!! Der Metzger mit Leidenschaft setzt auf Qualität. Fischfang muss auf ein Drittel runter, jetzt! Bald gibt es „Fischstäbchen in vitro", Marktreife steht bevor!

Chi-Chi: Rakete „Fragen an den Mond", hätten sie sich sparen können – alle Fragen eines Menschen sind im Buch beantwortet! Chi-Chi baut den Kapitalismus nach – jetzt (!) F-Sprung!

Regierungen der Welt zu 50% Autokraten. NATO hat 15 Mal mehr Rüstung als Russland. Brauchen wir selbstfahrende Autos und künstliche Intelligenz??

Im deutschen Bundestag „arbeiten" genau 598 Abgeordnete – Ex Sonneberga Lux! (Aus Sonneberg kommt das Licht!) Luisa Neubauer, FfF-Deutschland: „... Jetzt loslegen, wir haben das Wissen!" „Einer kam, den Stein zu wälzen, der da schwerer war als er, andre kamen, sprengten Felsen, hinterher!"

Am 6. Oktober 2011 wurde im Radio und TV verkündet: Nobelpreis für Norweger Thomas Tranströmer – Haiku – japanische Gedichtform: Dreizeiler mit 5/7/5 = 17 Silben. Erreicht werden soll metaphysische Tiefe, angedeutet im Bild eines Augenblicks. „... Wie die große Transformation vonstattengehen könnte – niemand hatte bisher eine akzeptable Idee." Es gibt 30.000 Scientists for Future. Jetzt haben wir den „Plan of planet" (6. Kondratjew), das Projekt „Blue Marble" (Primat des Geistes). Dies ist der Aufruf zur Verbreitung des Wissens (Initialzündung)!!

Übersetzt das Buch in 40 Sprachen der Welt! Jeder möge mit aller Kraft da arbeiten, wo Gott ihn hingestellt hat!

Damit der Evolutions-Sprung (Forte) gelinge!!

Jeder muss den „Plan des Planeten" kennen!

27.9.2022
Andreas Walter

BUCH SECHS

C A U D A , 9. 2. 2023

Rückschau August 2020 – der Amazonasregenwald brennt wie
lange nicht mehr. 7.766 Feuer für Viehzucht! Die Lunge der Erde
steht in Flammen – Brasiliens Regenwald brennt – stärker als
je zuvor in der Geschichte. Tiere sterben qualvoll, Biotope werden vernichtet. Doch Präsident Bolsonaro tut alles als Lüge ab.
Nach wie vor sieht die Regierung die Brände vor allem als Mar-
ketingproblem. Viele Mitglieder stellen sogar den von Menschen
verursachten Klimawandel infrage! Seit dem Amtsantritt von
Bolzo erleben wir das Chaos in der Umweltpolitik. 20 % (!!) des
Pantanalgebietes schon in einen Friedhof verwandelt. Noch
weitere 5 % (!!) und die Versteppung des Regenwaldes beginnt
(Kipppunkte), es werden weltweit weitere Kipppunkte in Gang
gesetzt – bis 2030 wird die Erde zum Todesstern! Bitte merken
Sie sich diese Zahlen! Wie kommen wir aus der Nummer raus?

27.9.2022
Brasilien steht vor einer Richtungswahl. Der ehemalige Präsident LULA DA SILVA fordert den amtierenden Präsidenten Bolzo heraus. Die beiden sind inhaltlich komplett gegensätzlich
ausgerichtet! Bolzo bezeichnet seinen Kontrahenten als Krimi-
nellen und verspricht einen klaren Wahlsieg. Nach Umfragen
kommt Lula bei der Wahl am 2. Oktober auf 47 % und Bolzo auf
31 %. Ähnlich wie El Trump streut Bolzo Zweifel am Wahlsys-
tem. Anhänger fordern unverhohlen einen Militärputsch zu-
gunsten von Bolzo! Dessen Wählerbasis sind die konservativen
Evangelikalen, die Waffenlobby und die mächtigen Landwirte.
Für seine Anhänger ist er das letzte Bollwerk gegen den Kom-
munismus. Seine Gegner halten ihn für einen Protofaschisten.

Während der Pandemie leugnete er das Corona-Virus (680.000 Tote). Lula nennt seinen Gegner deshalb einen Völkermörder. Der 76-jährige Lula präsentiert sich als Vorkämpfer für den Umweltschutz. „Wir werden sehr ernsthaft gegen die Abholzung kämpfen!" Kein einziger Baum müsse mehr abgeholzt werden, um Soja und Mais anzupflanzen oder Vieh zu züchten. Bolzo war der Evangelikalen Kirche beigetreten (ein Drittel der Bevölkerung Brasiliens). Diese machte nun für ihn mobil! („Den Henker Satans"!!) So stieß diese Kirche Jesus das Messer direkt in den Rücken! Deshalb kam Lula, der Kandidat der Arbeiterpartei PT, nur auf 48,43 %, auf Bolzo entfielen 43,20 %. Die anderen neun Kandidaten landeten weit abgeschlagen.

Somit kommt es am 30. Oktober zur Stichwahl um das höchste Amt im größten und wichtigsten Land Lateinamerikas (156 Millionen Wahlberechtigte). Bolzo zog nun alle Register. Das Team des rechten Amtsinhabers vergleicht dessen linken Herausforderer Lula mit dem Teufel (!) und rückt ihn in die Nähe eines mächtigen Verbrechersyndikats. Lulas Wahlhelfer keilen zurück und stellen den Staatschef als Kannibalen und Pädophilen dar. Das Rennen ist völlig offen! Bei der Stichwahl hatte Lula 50,9 % (51 %) der Stimmen erhalten und Bolsonaro 49,1 %!! Amtsantritt 1. Januar 2023! Das war haarscharf! Danke, Herr!!

Bolzo aber, wie er es von seinem Vorbild und Freund El Trump (der fleischgewordene satanische Gedanke) gelernt hatte, erkannte die Wahl nicht an und tauchte im Ausland ab. Er stellte beim obersten Gericht Brasiliens den Antrag: Ein Teil der Stimmenzählmaschinen hätten fehlerhaft gearbeitet und er sei somit Wahlsieger! Das Gericht schmetterte Bolzos Versuch ab. Eine Woche nach Amtsantritt stürmten Tausende von Menschen im Regierungsviertel den Kongress, das Gebäude des obersten Gerichtshofes und den Regierungssitz des Präsidenten Lula da Silva. Fans von Bolzo sind über den Wechsel sauer und wütend. Sie riefen die Streitkräfte unverhohlen zu einem Militärputsch auf! Die evangelischen Freikirchen, Verschwörungstheoretiker und Waffennarren gießen weiter Öl ins Feuer. Lula hat die Chance, die radikale Opposition zu zerstören. Es bleibt ein Stück weit unerklärlich, wie Bolzo mit seiner desaströsen Bilanz (Corona ist eine Illusion der Medien, hat Amazonasgebiet der Gnade von Großgrundbesitzern ausgeliefert) so viele Menschen überzeugen konnte. Die Armen und Bitterarmen wurden umgarnt. Erinnerungen an den Angriff in Washington auf das Kapitol werden wach. Verdeutlicht wird das fatale Ausmaß der Scharfmacherei der neuen Rechten weltweit. Lula: Kampf um Null-Abholzung des Regenwaldes, Brasilien und unser Planet brauchen einen lebendigen Amazonas! Indigene Völker gehen vor Landbesitz der Sojafarmer und Rinderhalter.

Deutschland will eine klimafreundliche Energiepolitik fördern: 1,69 Mrd. Euro. Deutschland unterstützt das Umweltregister: Wiederaufforstung, Schutz der Indios. Ein Agrarkonzern will einen Exporthafen für Soja entgegen der Konvention 169. Lula weiß: Brasilien kann ein Powerhaus für nachhaltige Landwirtschaft werden und führend bei grüner Wasserstoffwirtschaft sein. Die deutsche Regierung muss das EU-Mercosur-Handelsabkommen umfassend überarbeiten. Jetzt fördert es noch Futter-Soja und billiges Fleisch. Zum Mercosur gehören Brasilien, Argentinien, Paraguay und Uruguay. Der weltgrößte Regenwald mit 7 Mio. Quadratkilometern – 20 % zerstört! Bei 25 % Versteppung des wichtigsten Klimaregulators für unseren Globus.

Cauda – Nachrichten:
Berlin verdoppelt die Mittel für weltweiten Waldschutz auf 2 Mrd. Euro. Buch „Zieht euch warm an, es wird heiß!" (von TV-Meteorologe Sven Plöger): „Ich stelle mir die Corona-Virus-Krise gerne als Tsunami vor, wir starren alle gebannt auf die 5 Meter hohe Welle und sehen nicht, dass sich am Horizont eine 500 Meter hohe Welle aufbaut (Klima)". EU-Kommissionschefin: „... bis 2050 klimaneutrales Europa." „Klimazielplan": bis 2030 Treibhausgase um 55 % unter Wert von 1990. 750 Mrd. Euro schwerer

Wiederaufbauplan nach Corona-Krise. Die Zahl der Klimaflüchtlinge steigt weltweit (Dürren, Überschwemmungen). 87 Großfeuer in USA – Trump leugnet Klimawandel: „Es wird kühler werden!" 27 Länder Europas: Kommissarin Ursula von der Leyen – „reicht alles nicht!" Von der Leyen: „Ein Virus, tausend Mal kleiner als ein Sandkorn, hat uns gezeigt, dass unser Leben an einem seidenen Faden hängt". Greta Thunberg hat schon als 17-Jährige eisern jeden Freitag aufs Neue ihr berühmtes Schild „Schulstreik fürs Klima" präsentiert! „Biden öffnet wieder viele klimapolitischen Türen", Luisa Neubauer („steht und fällt allerdings alles mit Europa, das vorgeht und vorlebt"). „Der europäische Green Deal – 55 % bis 2030 – ist ein sehr ambitioniertes Paket", Ottmar Edenhofer, Präsident des Potsdamer Institutes für Klimafolgeforschung. Die Tonne Kohle-CO_2 wird weltweit mit 150 Dollar gestützt. Die Zahl der Todeszonen (sauerstoffarm) im Meer ist zwischen 2008 und 2019 von 400 auf 700 gestiegen! (Menschengemachter Stickstoffeintrag.)

US-Präsident Biden setzt die Bedrohung durch die Erderwärmung wieder auf die Agenda (40 Regierungschefs, auch China). Experten: „Bis 2030 muss sich weltweit viel mehr tun!" 2020 war Europas wärmstes Jahr. Antonio Guterres – Verbrennen von Kohle bis 2030 auslaufen lassen! Klimaprotest wird radikaler, ist kein Vergleich zur kommenden Klimahölle. Mojib Latif (Buch „Countdown") – Die Menschheit reagiert viel zu langsam auf das Klimaproblem. Es fehlt schnelles und gemeinschaftliches Handeln! Einige Regierungen bestritten oder ignorierten noch immer, was vor sich gehe! Wir müssen komplett umdenken/aufwachen. Die CO_2-Uhr tickt gnadenlos. Die Weltmeere sind für das Leben auf der Erde unverzichtbar. Ihr Schutz wurde zu lange vernachlässigt (Vermüllung, Überfischung). Jährlich werden 11 Mio. Tonnen Kunststoffe in die Ozeane gekippt – jetzt sinnvolle/mutige Maßnahmen! Wir haben die Meere in so etwas wie die Klos des Planeten verwandelt! Viele Menschen konsumieren mehr, als sie tatsächlich brauchen. Deutscher Lebensstil auf die Welt hochgerechnet bräuchte drei Erden!!

Windstromerzeugung: 1 kWh zu 6 Cent, Atomenergie zu 38 Cent.

Klimagipfel COP27, Ägypten – ohne Menschenrechte, verlogene Klimabewegung! Schützt die sich stark erwärmende Antarktis vor Krillfischern! Methan ist 25 Mal klimaschädlicher als CO_2, starker Anstieg beobachtet! UN fordert den Einsatz für Klimaschutz bis 2030 für 1,5 Grad-Ziel! Jetzige CO_2-Einsparungen: Erwärmung der Erde um 2,6 Grad!! Greta Thunberg: „Das Klima-Buch", 500 Seiten voller Fakten (Fachleute). Forscher: Alarmstufe Rot für die Welt! 16 von 35 Parametern zu hoch. BRD größte Volkswirtschaft der 27 EU-Mitglieder: 14,5 Billionen Euro Bruttoinlandsprodukt (USA 23 Billionen, China 17,7 Billionen). Ist Peking erziehbar? Anfang November 2022 Weltklimakonferenz COP27 – bisher definierte Ziele reichen nicht aus oder sind nicht mehr zu schaffen!! COP = „Conference of the Parties" (Konferenz der Parteien), 200 Länder. Beherztes gemeinsames Anpacken ist illusorisch (Putin-Krieg – Misstrauen). Gemeinsam gestecktes Ziel von 1,5 Grad aufgeweicht, 600 Fossillobbyisten! Gefahr der „Kippelemente" und unkontrollierbarer Kettenreaktion steigt. China (rein mengenmäßig größter CO_2-Ausstoß): „2060 neutral. Die Welt steuert auf Erwärmung weit über zwei Grad Celsius zu!! Versprochene Darlehen an Entwicklungsländer, jährlich 100 Mrd. stehen aus! 1/5 Strom (BRD) aus Braunkohle – 1 kg CO_2 je kWh (Erdgas 0,2 kg).

Global 1990 bis 2015 reichstes Prozent zweimal so viele Emissionen wie ärmere Hälfte! Reduktion der Emissionen um 90 %: Lebensstil, Effizienzschub, Erneuerbare! Narrativ vom Verzicht falsch: klimafreundlicher Lebensstil sehr lebenswert. Davos, Ursula von der Leyen: „Nächste Jahrzehnte – größter Industriewandel." Mut zur Agrarwende: 57 % Agrarfläche BRD Futter für Tiere. 12 % der Äcker – Mais für Biosprit und Biogas! Indoor-Farming – Gemüse in Gebäuden auf zwölf Stockwerken, bio.

Klimakleber: Artikel 20a Grundgesetz – Staat hat Verantwortung für Lebensgrundlage der künftigen Generationen!!

Cauda – Diskussion:
Fleischlieferungen aus dem Regenwald, Soja für Schweinefutter und Tropenholzlieferungen müssen geächtet werden. Deutschland hat einen Fonds (100 Mrd. Euro) für Munition aufgelegt, damit sie zwölf Tage lang schießen können und 35 F-35-Tarnkappenbomber bestellt! Von den 100 Mrd. Euro Steuergeldern gehen schon 17 Mrd. als Zinsen weg!

Wer kommt da vor Lachen nicht in den Schlaf? Deshalb die Forderung: Dieses Geld für den Regenwald! Boris Pistorius, der neue Verteidigungsminister der BRD: 50 Mrd. Euro jährlich reichen ihm nicht! Ein US-General: In zwei Jahren haben wir Krieg mit China! In zwei Jahren ist der F-Sprung weltweit durchgedrungen, wir haben keine andere Chance!! Rüstungsgelder müssen für Umwelt und RET ausgegeben werden.

Friedrich Schiller – Ode an die Freude: „Alle Menschen werden Brüder, wo dein sanfter Flügel weilt ..." Chi wird dann „der liebe Freund" der USA und der EU sein!

Noch ein Wort an Putin (150.000 Soldaten und 1.400 Panzer hat er schon verloren):
Was machst du da? Sieht so die Entnazifizierung eines Nachbarstaates aus? Wo sind da Frieden, Liebe, Glaube, Hoffnung? Putin, bist du wirklich für den „Todesstern"? Deine Mutter wird bis ans Ende des Universums weinen! Putin, entschuldige dich und danke ab – auch das russische Volk wollen wir für den F-Sprung begeistern!

Putin, was fürchtest du? Deine A-Waffen reichen für den Over-Kill der Erde! Würdest du nicht viel lieber als deinen Scheiß-Krieg (finsterstes Mittelalter) am Projekt „Blue Marble" mitarbeiten?

Noch ein Wort an den hochweisen Chi-Chi:
Das „Primat des Geistes" ist unverzichtbar und wird kommen! Das werden euch eure Wissenschaftler der weltweit anerkannten Konfuzius-Institute bestätigen! Stellt euch vor: China führend auf dem Gebiet der immensen spirituellen Energie und Raumenergietechnologie für den wahren Wohlstand der Menschen

unter Anleitung der kommunistischen Partei! Für eine Welt in Frieden, für das Projekt „Blue Marble"!

Ein RET-Cracker für jeden: Wasser sortiert sich auf natürliche Weise an Lamellen. Es baut sich eine Spannung von 70 Millivolt auf. Bei 10.000 Lamellen ergibt sich eine Autobatterie, mit der man eine Woche lang 180 km/h fahren kann ... dann muss man 4 Liter Wasser nachfüllen! Das EU-Parlament beschloss im Februar 2023 das Verbrenner-Aus ab 2035. Bis 2030 sollen 15 Millionen Elektroautos in der BRD fahren. Aber nur jeder vierte Deutsche will eines. Lithium, Cobalt und Nickel sind sehr teuer. CATL (China) baut jetzt Natrium-Ionen-Akkus in der BRD. Genau da, wo vorher das Gelände für deutsche Photovoltaik war, eine Million Arbeitsplätze gingen wegen Dumping nach China ... Die Automobilindustrie ist das Rückgrat der deutschen Wirtschaft (Arbeitsplätze, enorme Wertschöpfung, materieller Wohlstand). Die große Transformation muss bis 2030 geschafft sein!! Das heißt: Was nicht elektrisch fährt, muss (!) mit E-Fuels fahren, auch wenn dies nicht so effizient und billig sein sollte. Hauptsache, die CO_2-Bilanz stimmt. Das gilt auch für Flugzeuge und Schiffe!!

Herr Habeck, wollen Sie wirklich ganz Deutschland verspargeln/verkabeln?? Was ist, wenn der coronare Massenauswurf kommt? Dann fährt kein E-Auto mehr und geht kein Garagentor mehr elektrisch auf. China baut für sich nur noch H2-Autos. Man sollte auch über einen Antrieb mit Methanol und Brennstoffzelle nachdenken. Wir müssen unbedingt mehrgleisig fahren, alles Mögliche ausschöpfen!

Bekannt ist: Man kann mit 30 Liter Wasser, einigen Aluminiumpartikeln und einer variierten Zündkerze 10.000 Kilometer weit fahren!!

Mit dem F-Sprung wird eine Wende zum öffentlichen Verkehr hin, zur Einsparung und zu wesentlicher Effizienzsteigerung eintreten. Was wäre mit dem Neutrinoantrieb oder dem Turturgenerator?? Wenn nun einer den Pierce Arrow 8 (Nikola

Tesla) mit Raumenergiekonverter nachbaut? Leider haben wir niemanden im ganzen EU-Parlament, welcher den Herrn befragen kann, wann der „echte" Tesla kommt. Mit der Durchsetzung des Primates des Geistes wird die Raumenergietechnologie auf breiter Front durchbrechen!!

Hey, Habeck, es gibt eine Röhre: 42 cm hoch, da fließt ständig ein Megawatt Strom– 1/1.000 eines Atomkraftwerkes, ich nenne diese Röhre „VVM". Auch habe ich schon gehört von einem 14-fach effizienteren Verfahren der Elektrolyse, ebenfalls mit Meerwasser (Grüner Wasserstoff). Ersetzen des Erdgases (Heizen, Kochen) durch Synthesegas. (Für aufmerksame Leser: Im Kapitel RET muss stehen: 2,5 Quadratmeter). Mojib Latif (Buch „Countdown"): 2030 Schluss mit CO_2-Ausstoß!! Guterres: 1,5-Grad-Ziel nur noch auf wundersame Weise zu halten! Unterbieten?!! Durch Projekt „Blue Marble" meisterhaft lösbar!

Wirtschaftsgipfel Davos – plutokratischer Neofeudalismus, Kohlen-Reibach!

COP27 – Probleme nicht im System Maximalprofit lösbar – Konsumverhalten und Industriegesellschaft müssen sich ändern! Bereich Landwirtschaft, Gebäude, Verkehr, Industrie: alle (!) technischen Möglichkeiten zur Treibhausgasreduktion nutzen!!

COP28 wird unter Leitung eines Ölscheichs (Emirate) durchgeführt. Diese Leute haben aber nicht mit dem F-Sprung gerechnet (Plan of Planet). Alle Bürger begeistern, auch die konservativen (z. B. Republikaner, USA). Jede Tonne CO_2 aus Kohle wird weltweit mit 150 Euro gestützt (pervers)! Wer jetzt noch die „Alternative für Dumme" wählt, lästert Gott! Große Transformation: 100 % Müllverwertung und Recycling, (Kreislauf)!

Das EU-Parlament ist zu „entschlunzen" (klebriger Siff, Subventionen). Großkonzerne und Agrarbarone an die Kandare nehmen!

Montreal: UN-Biodiversitätsgipfel (1 Million von 8 Millionen Tierarten vom Aussterben bedroht, 1/3 Landfläche der Erde stark geschädigt), bis 2030 30 % Land und Meer weltweit unter Schutz (bisher 18 % Land und 8 % Meer). Finanzierung: 200

Mrd. Dollar jährlich, privates und öffentliches Geld. Die Kraft der Veränderung kommt von jedem Einzelnen und kann in der Summe Großes gelingen lassen. (Umweltschädigende Subventionen sind abzubauen = 500 Milliarden Dollar, konterkarierend.) Ein Beispiel: EU-Massentierhaltung und Großagrarier stark subventioniert. Der Verzehr von Muskeln toter Tiere hat eine lange Tradition. Nun ist die Menschheit am existenzbedrohenden Punkt (Treibhausgase). Methan ist entscheidend bei der Einhaltung der 1,5-Grad-Grenze. Bestialische Massentierhaltung muss boykottiert werden (Billigware). Vitro-Fleisch und Vitro-Fisch müssen den Markt erobern (Kunde ist König). 30 Gramm Öl haben so viele Kalorien wie 100 Gramm Fleisch! – Gemüse!! Fleisch und Wurst auf 1/4 runterfahren! Milchprodukte stark reduzieren!!

Plan von Montreal wird durch freiwerdende Flächen automatisch erfüllt!! SOLEIN (Eiweißpulver durch Mikroben), PLANETARY HEALTH DIET!!!

Du (!), von deinem Konsum hängt es ab: F-SPRUNG – blühender Planet! Dann kannst du bis zur nächsten Eiszeit (10.000 Generationen) 200 Mal reinkarnieren! Dafür „7 Jahre" „Linsensuppe täglich" – ich würde es tun!! Sei dabei beim Projekt „Blue Marble"! Der Plan des Planeten für jeden!! Wir wollen eine stehende Welle der Begeisterung aufbauen.

Mach mit!!

Die letzten 2 Seiten sind frei und können sich in allen Varianten verbreiten.

SOLEIN: Aus dem Nichts – eine Alternative zu Eiweiß? Solein ist ein Proteinpulver, das Fleisch, Soja, Milch und Linsen ersetzt. Das Pulver ist senfgelb und erinnert an gemahlenes Kurkuma. Es wird aus Luft, Mikroben und Solarenergie hergestellt. Ziel: Revolutionierung der globalen Ernährung und Schutz des Klimas!! In Singapur bereits 2024 marktreif. Solein ist eine neuartige

Alternative zu tierischem/pflanzlichem Eiweiß!! Es enthält 70 % Protein, 10 % Ballaststoffe, 8 % Fett, Mineralien, Eisen ... den Geschmack von Lebensmitteln ändert es kaum! Herstellung 20 Mal effizienter als Photosynthese!! Die kommerzielle Produktion soll im kommenden Jahr beginnen.

Weckruf, 28.2.2023
PLANET MIT ZUKUNFT in nuce (in der Nuss)
LÖSUNG: 6. KONDRATJEW LÄUFT

Kind im Sommer: „Erdressourcentag, in 20 Jahren keine Erde mehr da!" Grame Maxton: Buch Change, 5 Komponenten – exakt 2050 Zusammenbruch – Aussterben der Menschen wie Dinosaurier ...

Pariser Klimaabkommen 2015, Temperaturerhöhung um 1,5 Grad gerade noch beherrschbar (1,1 bereits erreicht), Doku: 2 Grad Erhöhung letal für die Menschheit – 16 Kipppunkte ausgelöst. 2050, wenn so weiter wie bisher, 3 Grad Erhöhung, das heißt, noch weit vor 2050 wegen Klimawandel. Aussterben der Menschheit wie Dinosaurier. Noch dicker: Abholzung des Regenwaldes (Amazonas), Brasilien, bis 2030 (Wert eine Billion Dollar pro Tag wegen globaler Wasserversorgung der humiden Oberflächen), Kipppunkte!! Ende der Menschheit.

Der 6. KONDRATJEW (1. war die Erfindung der Dampfmaschine) ist jeweils eine Innovationswelle, welche den Kapitalismus entscheidend voranbringt.

THEMA: BILDUNG (WISSEN); GESUNDHEIT (WISSEN) und UMWELT (WISSEN)! In Deutschland leben wir, als hätten wir drei Erden (weltweit 1,7). Es gilt das FOURIERPRINZIP: Man kann nur so viel aus einer Speisekammer herausnehmen, wie man nachfüllt. Indien und China: Erst wollen wir den Wohlstand Europas erreicht haben, dann kümmern wir uns um die Umwelt (etwa 2060). Alles muss in GESCHLOSSENE KREISLAUFWIRTSCHAFT kommen! GROSSE TRANSFORMATION zur sozialen, ökologischen, nachhaltigen Marktwirtschaft steht an mit Änderung des Bewusstseins der Menschen. Streben nach materiellem Reichtum vorbei, jetzt Gesundheit, Bildung, Umwelt, „Geistiger Reichtum". EVOLUTIONS-SPRUNG STEHT KURZ BEVOR. Literatur einig, muss kommen. Aber niemand hat bisher eine akzeptable Idee, wie er aussehen könnte. Bisheriges Grundgesetz STREBEN NACH MAXIMALPRO-FIT „aufgehoben". Höhere Ebene: PRIMAT DES GEISTES (spirituell, global denkender Mensch).

Experiment: Person wird in Hypnose versetzt mit Auftrag, aus dem Körper auszutreten, zu schauen, was im Nebenraum ist (Maler, Geiger, Judoka), zurückzukehren und zu berichten: Dieser Versuch gelingt auf der ganzen Welt, ist Beweis: Jeder Mensch hat FEINSTOFFLICHE SEELE, welche nach dem Tod weiter existiert (Axiom).

DU-ARBEIT VON 1992/93 (Doktor universale): GOTT EXISTIERT ALS IMMENSE ENERGIEFORM und zeigt sich in dynamischen Zahlen! QUINTESSENZ „17"/in Brieffrom (6 Seiten zu 30 Zeilen) deutschlandweit veröffentlicht – große Welle der Begeisterung!

2. Brief: „84", ACHTE MENSCHENRECHT 4 (Man kann auf der Erde alles machen, wenn es niemand anderen schadet! Die Erde ist ein Planet des freien Willens, es herrscht Glaubensfreiheit, aber WISSEN GEHT ÜBER GLAUBEN: 3. spirituelles Grundgesetz: KARMA UND REINKARNATION. Sollte die Erde unbewohnbar für Menschen werden, dann wird sie von 8 Milliarden Seelen umschwebt, welche nicht mehr reinkarnieren können (TODESSTERN). Sollte der EVOLUTIONSSPRUNG gelingen bis 2030 (CO_2-Steuer 69 Euro), durch Planetary Health Diet und Raumenergietechnologie – STROM, ELEKTRISCHER, IM ÜBERFLUSS – alles möglich, Grüner Wasserstoff, E-Fuels, Synthesegas, ELDORADO (GOLDLAND)!

PROJEKT BLUE MARBLE (Blaue Murmel) – PLAN OF PLANET Buch „17 und 84, Der Gottscha von Sonneberg, freie Energie für alle Menschen", ANDREAS WALTER, 100 SEITEN.

Die letzten beiden Seiten urheberrechtlich freigegeben – kopiere, fotografiere, gebe weiter!!! Sei bitte dabei beim PROJEKT BLUE MARBLE!!!

INITIALZÜNDUNG FÜR EVOLUTIONSSPRUNG DER MENSCHHEIT, DURCHBRUCH: SPIRITUELLE ENERGIE, RAUM-ENERGIE.

Jetziger Gesellschaftsweg: Plutokratischer Neofeudalismus (Geld herrscht). VVM-Röhre 42 cm, es fließt 1 Megawatt, Albtraum der „Fossilen"!

Zauberwort Raumenergietechnologie, RET!!

Eliten haben keinen Plan, nicht für Deutschland, nicht für die Welt, wo sollen wir den vielen Strom herbekommen, der gebraucht wird? Was kostet Projekt „Blue Marble"? Herzen und Hirne von 8 Milliarden Menschen!

EIN HERZ FÜR AUTOREN A HEART FOR AUTHORS À L'ÉCOUTE DES AUTEURS MIA ΚΑΡΔΙΑ ΓΙΑ ΣΥΓΓΡ
HJÄRTA FÖR FÖRFATTARE UN CORAZÓN POR LOS AUTORES YAZARLARIMIZA GÖNÜL VERELIM SZÍ
EEN HART PER AUTORI ET HJERTE FOR FORFATTERE EEN HART VOOR SCHRIJVERS TEMOS OS AUTO
ERZÖINKERT SERCE DLA AUTORÓW EIN HERZ FÜR AUTOREN A HEART FOR AUTHORS À L'ÉCOU
 CAÇÃO ВСЕЙ ДУШОЙ К АВТОРАМ ETT HJÄRTA FÖR FÖRFATTARE À LA ESCUCHA DE LOS AUTO
URS ΜΙΑ ΚΑΡΔΙΑ ΓΙΑ ΣΥΓΓΡΑΦΕΙΣ UN CUORE PER AUTORI ET HJERTE FOR FORFATTERE EEN
EEN HART ARIMIZA GÖNÜL VERELIM SZÍ ERZÖINKERT SERCE DLA AUTORÓW EIN HERZ FÜ
EEN SCHRIJVERS OS OS AUTO RAÇÃO ВСЕЙ ДУШОЙ К АВТОРАМ ETT HJÄRTA FÖ

Der Autor

Andreas Walter wurde 1958 im südthüringischen
Sonneberg geboren. Abitur und Militärdienst
meisterte er ohne Probleme. Dann studierte er
vier Jahre lang Medizin in Leipzig und Erfurt,
musste wegen schwerer psychischer Probleme
abbrechen, nahm das Studium wieder auf, bis
die Diagnose „manisch depressiv" ihn zum
endgültigen Aufgeben zwang. Danach arbeitete
er noch drei Jahre im Großhandel für Spielwaren
und Kunstgewerbe. Seit 1991 bezieht er eine
Erwerbsunfähigkeitsrente.
Lange kämpfte Andreas Walter gegen seine
Krankheit an, die ihn als jungen Mann völlig
überraschend getroffen hatte. Letztendlich blieb
die Erkenntnis, dass er sie nicht besiegen kann
und mit ihr leben muss. Mit dem Schreiben seines
Buches erfüllt sich für ihn seine Lebensaufgabe.
Andreas Walter hat ein ausgeprägtes Talent
für Mathematik, außerdem liest er gerne und
ausgesprochen viel. Er ist ledig und kinderlos.

Der Verlag

Wer aufhört besser zu werden, hat aufgehört gut zu sein!

Basierend auf diesem Motto ist es dem novum Verlag ein Anliegen, neue Manuskripte aufzuspüren, zu veröffentlichen und deren Autoren langfristig zu fördern. Mittlerweile gilt der 1997 gegründete und mehrfach prämierte Verlag als Spezialist für Neuautoren in Deutschland, Österreich und der Schweiz.

Für jedes neue Manuskript wird innerhalb weniger Wochen eine kostenfreie, unverbindliche Lektorats-Prüfung erstellt.

Weitere Informationen zum Verlag und seinen Büchern finden Sie im Internet unter:

w w w . n o v u m v e r l a g . c o m